# 中国古代侠士

王 俊 编著

中国商业出版社

图书在版编目（CIP）数据

中国古代侠士／王俊编著． —— 北京：中国商业出
版社，2015.5
ISBN 978 - 7 - 5044 - 8931 - 9

Ⅰ．①中… Ⅱ．①王… Ⅲ．①历史人物 - 人物研究 -
中国 - 古代 Ⅳ．①K820.2

中国版本图书馆 CIP 数据核字（2015）第 070854 号

责任编辑：常松

中国商业出版社出版发行
010 - 63180647　www. c - cbook. com
（100053 北京广安门内报国寺 1 号）
新华书店经销
三河市同力彩印有限公司印刷
*
710 毫米 ×1000 毫米　16 开　12.5 印张　200 千字
2015 年 8 月第 1 版　2019 年 4 月第 2 次印刷
定价：25.00 元
*　　*　　*　　*
（如有印装质量问题可更换）

# 《中国传统民俗文化》编委

# 序　言

　　中国是举世闻名的文明古国,在漫长的历史发展过程中,勤劳智慧的中国人,创造了丰富多彩、绚丽多姿的文化,可以说人创造了文化,文化创造了人。这些经过锤炼和沉淀的古代传统文化,凝聚着华夏各族人民的性格、精神、智慧,是中华民族相互认同的标志和纽带,在人类文化的百花园中摇曳生姿,展现着自己独特的风采,对人类文化的多样性发展做出了巨大贡献。中国传统民俗文化内容广博,风格独特,深深地吸引着世界人民的眼光。

　　正因如此,我们必须深入学习贯彻党的十八届三中全会精神,按照中央的要求,加强文化建设。2006 年 5 月,时任浙江省委书记的习近平同志就已提出:"文化通过传承为社会进步发挥基础作用,文化会促进或制约经济乃至整个社会的发展。"又说:"文化的力量最终可以转化为物质的力量,文化的软实力最终可以转化为经济的硬实力"。(《浙江文化研究工程成果文库总序》)2014 年他去山东考察时,又再次强调:中华民族伟大复兴,需要以中华文化发展繁荣为条件。

　　学习习近平同志的重要讲话,确可体会到,在政治、经济、军事、社会和自然要素之中,文化是协调各个要素协同发展、相关耦合的关键。正因为此,我们应该对华夏民族文化进行广阔、全面的检视。我们应该唤醒我们民族的集体记忆,复兴我们民族的伟大精神,发展和繁荣中华民族的优秀文化,为我们民族在强国之路上阔步前行创设先决条件。

实现民族文化的复兴，更必须传承中华文化的优秀传统。现代的中国人，特别是年轻人，对传统文化十分感兴趣，蕴含感情。但当下也有人对具体典籍、历史事实不甚了解。比如说，中国是书法大国，谈起书法，有些人或许只知道些书法大家如王羲之、柳公权等等的名字，知道《兰亭集序》是千古书法珍品，仅此而已。再比如说，我们都知道中国是闻名于世的瓷器大国，中国的瓷器令西方人叹为观止，中国也因此而获得了"瓷器之国"（英语 china 的另一义即为瓷器）的美誉。然而关于瓷器的由来、形制的演变、纹饰的演化、烧制等等瓷器文化的内涵，就知之甚少了。中国还是武术大国，然而国人的武术知识，或许更多地来源于一部部精彩的武侠影视作品，对于真正的武术文化，我们也难以窥其堂奥了。我国还是崇尚玉文化的国度，我们的祖先，发现了这种"温润而有光泽的美石"，并赋予了这种冰冷的自然物以鲜活的生命力和文化性格，例如"君子当温润如玉"，女子应"冰清玉洁""守身如玉"；"玉有五德"，即"仁""义""智""勇""洁"，等等。今天，熟悉这些玉文化内涵的国人，也为数不多了。

也许正有鉴于此，有忧于此，近年来，已有不少有志之士，开始了复兴中国传统文化的努力，读经热开始风靡海峡两岸，不少孩童乃至成人，开始重拾经典，在故纸旧书中品味古人的智慧，发现古文化历久弥新的魅力。电视讲坛里一波又一波对古文化的讲述，也吸引着数以万计的人们，重新审视古文化的价值。现在放在读者眼前的这套"中国传统民俗文化丛书"，也是这一努力的又一体现。我们现在确应注重研究成果的学术价值和应用价值，充分发挥其认识世界、传承文化、创新理论、咨政育人的重要作用。

中国的传统文化内容博大，体系庞杂，该如何下手，如何呈现？这套丛书处理得可谓系统性强，别具心思。编者分别按物质文化、制度文化、精神文化等方面来分门别类地进行组织编写，例如在物质文化的层面，就有中国古代纺织、中国古代酒具、中国古代农具、中国古代青铜器、中国古代钱币、中国古代石刻、中国古代木雕、中国古代建筑、中国古代砖瓦、中国古代玉器、中国古代陶器、中国古代漆器、中国古代桥梁,等等。

在精神文化的层面,就有中国古代书法、中国古代绘画、中国古代音乐、中国古代艺术、中国古代篆刻、中国古代家训、中国古代戏曲、中国古代版画,等等;在制度文化的层面,就有中国古代科举、中国古代官制、中国古代教育、中国古代军队、中国古代法律,等等。

此外,在历史的发展长河中,中国各行各业还涌现出一大批杰出的人物,至今闪耀着夺目的光辉,启迪后人,示范来者。对此,这套丛书也给予了应有的重视,中国古代名将、中国古代名相、中国古代名帝、中国古代文人、中国古代高僧,等等,就是这方面的体现。

生活在21世纪的我们,或许对古人的生活颇感好奇,他们的吃穿住用如何? 他们如何过节? 如何安排婚丧嫁娶? 如何交通? 孩子如何玩耍? 等等。这些饶有兴趣的内容,这套中国传统民俗文化丛书,都有所涉猎,例如中国古代婚姻、中国古代丧葬、中国古代节日、中国古代风俗、中国古代礼仪、中国古代饮食、中国古代交通、中国古代家具、中国古代玩具、中国古代鞋帽,等等,这些书籍介绍的,都是人们深感兴趣,平时却无从知晓的内容。

在经济生活的层面,这套丛书安排了中国古代农业、中国古代纺织、中国古代经济、中国古代贸易、中国古代水利、中国古代车马、中国古代赋税等等内容,足以勾勒出古人经济生活的主要内容,让今人得以窥见自己祖先曾经的经济生活情状。

在物质遗存方面,这套丛书则选择了中国古镇、中国古楼、中国古寺、中国古陵墓、中国古塔、中国古战场、中国古村落、中国古街、中国古代宫殿、中国古代城墙、中国古关等内容。相信读罢这些书,喜欢中国古代物质遗存的读者,已经能大致掌握这一领域的大多数知识了。

除了上述内容外,其实还有很多难以归类却饶有兴趣的内容,例如中国古代乞丐这样的社会史内容,也许有助于我们深入了解这些古代社会底层民众的真实生活情状,走出武侠小说家们加诸他们身上的虚幻不实的丐帮色彩,还原他们的本来面目,加深我们对历史真实的了解。继承和发扬中华民族几千年创造的优秀文化和民族精神是我们责无旁贷的历史责任。

不难看出,单就内容所涵盖的范围广度来说,有物质遗产,有非物质遗产,还有国粹。这套丛书无疑当得起"中国传统文化的百科全书"的美誉了。这套书还邀约了大批相关的专家、教授参与并指导了稿件的编写工作。应当指出的是,这套书在写作中,既钩稽、爬梳大量古代文化文献典籍,又参照近人与今人的研究成果,将宏观把握与微观考察相结合。在论述、阐释中,既注意重点突出,又着重于论证层次清晰,从多角度、多层面对文化现象与发展加以考察。这套丛书的出版,有助于我们走进古人的世界,了解他们的美好生活,去回望我们来时的路。学史使人明智,历史的回眸,有助于我们汲取古人的智慧,借历史的明灯,照亮未来的路,为我们中华民族的伟大崛起添砖加瓦。

是为序。

傅璇琮

2014 年 2 月 8 日

# 前　言

　　侠士是中国古代一个特殊的社会群体，自诞生以来，他们身上始终笼罩着一层神秘的色彩。在普通世人的心目中，他们是乱世风尘中的强者，是不受欺凌、血气方刚的入世英雄。他们乐善好施，张扬洒脱，鄙薄财物，对身外之物持一种非常超脱的态度。但是他们又桀骜不驯，唯我独尊，意气用事，轻视生命，对异己者任意杀戮。而这些行为违背了古代主流社会的礼法和道德观念，所以他们只能游离在社会的边缘，这也使得许多人对他们的存在表示怀疑。事实上，侠士形象不完全是人们的幻想和臆造，在中国历史上确实存在着许多光照千古的侠士，他们孕育于中国源远流长的文化土壤之中，扮演着仗剑行侠的社会角色，演绎着中国人的梦想与荣光。

　　很多人喜欢侠士、崇拜侠士，尤其是武侠，因为他们正义、勇敢，而且武艺高强，路见不平一声吼，慨然拔刀相助。在一般人的心目中，侠士是正义的化身，是社会道义的维护者，是弱者的守护神，是不折不扣的救世英雄。

　　在古代，每当统治黑暗使社会出现严重不公以及坏人得势、奸人当道、善良的人们受到严重欺压的时候，勇敢的侠士便会挺身而出，诛杀坏人，惩治恶霸，为善良而无助的平民百姓鸣不平，为社会伸张正义。

　　在古代社会，侠士的行为是私人行为，侠士们用自己的方法惩治那些罪大恶极的坏人，为社会伸张正义，实际上是行使了一部分如现代社会的公、检、法的职能。只有当官府丧失了惩治坏人、维护社会正义的职能时，侠士们才会挺身而出，劫富济贫，除暴安良。

韩非子曾说过："儒以文乱法，侠以武犯禁。"在韩非子的著作中，儒士和侠士皆被列入讥讽的对象。但儒士和侠士的命运却不尽相同，儒士后来得到了统治者的认可，高居庙堂，成为统治者安邦定国的股肱之臣。而侠士则相形见绌，他们历来被统治者所诟病，常常被称为家国社稷的蠹虫，有如现代社会中的无赖和暴徒。

　　社会的每个阶层都有自己的道义。游侠之义就是那些小人物为苟活于乱世所凭依的道义。他们不愿让恐惧担忧的阴霾时时笼罩在心底，为了生存，小人物开始挣脱命运的枷锁。他们的武器只能是血和剑，而不是盲目地去诉求王法和正义。

　　其实，行侠仗义是社会畸形的产物，只有当一个社会难以维护弱者的利益时，侠士才会有产生的土壤。

　　古代侠士以武犯禁的抗争，为历史留下了震撼人心的浓重一笔！侠义精神浓缩了宏阔的历史，积淀在民族的脊梁上，化作昂扬挺拔的巍巍之峰。

　　我国古代侠文化的主体是一种体现了民族传统美德的精神，是对公平和正义的不懈追求。侠士们的临危不惧、舍己为人、劫富济贫、除暴安良、舍生取义、替天行道的道德观念与英勇行为，共同构成了我国传统社会文化的重要组成部分。

　　本书为您再现这样一群特立独行的性情人物，力求在介绍中抓住各历史时期侠士的重要形象和事迹，从而彰显出侠士们那种坚持信念、不畏强梁的勇气，义之所在、虽死不辞的壮烈，白昼悲歌、深宵弹剑的孤寂与放浪，以及他们那与众不同的情操。让我们一同走进古代侠士们的内心世界，共同体味那些荡气回肠的峥嵘岁月吧。

# 目录

## 第四章　千古一侠——历史上的著名侠士

# 第一章

# 乱世豪情——侠义之风的历代传承

　　侠士是中国封建社会中的一个特殊群体，是一群具有传奇色彩的英雄人物。从春秋战国一直到明清的几千年中，有无数的侠士活动在社会舞台上，直到近代的半封建半殖民地的社会里，民间仍有侠士活动的踪迹。他们在人世间做出了无数可歌可泣的壮举，匡扶正义，维持社会的良知，给人间带来一股浩荡的正气。他们以其非凡生命力的耀眼光辉流星般划过古代社会的黑暗夜空，留下一抹亮丽的传奇色彩。

# 第一节
# 以武犯禁：侠义的本质与侠士的产生

侠义是中国历史上一种独特的文化现象，其主体就是一个"侠"字。人们对侠的崇拜和向往，成为一种民族文化心理和文化精神。侠士是人们所喜闻乐见的、特殊的社会群体，他们个性鲜明，富有传奇色彩。先秦以来，历朝历代都有大量关于侠的事迹记载，他们仗义疏财、扶弱济贫，用勇力和智慧同社会上的邪恶势力进行着顽强的抗争，在严酷的社会舞台上兴降沉浮，不时闪现出一股浩然之气，留下了璀璨的异彩。

## 众说纷纭析侠义

古时候武侠得以风行不是没有原因的，它有着深厚的历史原因和时代背景。但归根结底，一个"义"字便可把武侠精神的精髓淋漓尽致地演绎出来。大侠们为义所动，为义而甘受驱使，甚至不惜舍身殉命。

侠本身就是中国民间文化的重要组成部分。在古代民间社会中，从除恶扬善、慷慨好施到义气相连、重交复仇，都具有很浓厚的侠义色彩。历代以来，人们对"侠"的谈论和记载不绝如缕。文人墨客在众多的文学作品中刻画了大量的侠的形象，为人们所喜爱和颂扬。正史、传奇、文人笔记、明清小说和戏曲等文史载体，都留下了大量侠义英雄的事迹。

侠士在古代有多种称谓，如"侠客""侠""游侠""任侠""剑士""剑客""义士"等。侠士是一种人的称谓，而不是一种职业概念，不同于中国传统上讲的士、农、工、商，没有人以行侠为生。侠士也不是一种法定的身份，只是社会舆论根据某些人的行为特征所赋予他们的一种约定俗成的名称。

历史上对于究竟什么样的人是侠，认识很不一致，有些看法相互矛盾，甚至是截然对立的。要搞清楚什么样的人是侠，的确是一个较为复杂的事情。

在现存的史籍中，最早提到"侠"的是《韩非子·五蠹》篇，最早提出"侠士"一词的是司马迁的《史记·游侠列传》。韩非子与司马迁站在不同的立场上来给"侠"下定义，两者的内涵是完全相反的，这也是中国历史上最典型的完全对立的两种侠的定义。

韩非子在《五蠹》中说："儒以文乱法，侠以武犯禁。"所谓"以武犯禁"，就是以武为恃，违犯国家法令。他在《八说》篇中还指出："人臣肆意陈欲曰侠""弃官宠交谓之有侠（即游侠）"。这两句话是说，不把朝廷政令放在眼里、按自己的至性至情随心所欲的人是侠；为了私人的交情、朋友的义气行事不顾人君任托之职命的人也是侠。韩非子认为，具备"以武犯禁""肆意陈欲""弃官宠交"这些特征的人就是侠。韩非子站在封建统治者的立场上，把侠定性为犯上作乱、为所欲为的人。视侠为祸害国家的5种害虫之一，主张坚决将其清除。由于韩非子对侠抱有偏见，所以他虽指出了侠的反封建秩序这一重要特征，但却没有揭示出侠的本质。

司马迁则站在民间的立场上，用民间的道德观念来为侠正名。他在《史记·游侠列传》中说："今游侠，其行虽不轨于正义，然其言必信，其行必果，已诺必诚，不爱其躯，赴士之厄困，既已存亡死生矣，而不矜其能，羞伐其德。"这一定义指出了侠的3个特征："言必信，行必果""已诺必诚"的诚实守信的人格；"赴士之厄困""不爱其躯"的自我牺牲精神；"不矜其能""羞伐其德"的谦虚品质。这段话明确指出侠的本质就是舍己助人，比较深刻地揭示出了侠的内涵。

随着时代的发展，人们对侠的解释和看法在上述两家的基础上又进一步有所发展。

东汉许慎在《说文解字》中引述关中风俗，说三辅地区（即关中一带）把"轻财者"称为"侠"。东汉末历史学家荀悦对侠抱有极端仇视的态度，将以武行私、横行霸道的人定义为侠。他在《汉纪》中说："立气势，作威福，结私交，以立强于世者，谓之游侠。"但很明显，这种以武立威、以势称霸一方的人，更近于匪盗，而绝非是侠士。东汉的班固从维护大一统的封建国家和专制皇权的角度出发，反对侠"以匹夫之细，窃杀生之权"，妨碍统治秩序，这明显地受到儒家上下相顺、各有等级等传统思想的影响。但他对侠士的侠义之举也极为赞赏，他认为，侠具有"温良泛爱，振穷周急，谦退不伐，亦皆有绝异之姿"，这与司马迁评价的"不爱其躯，赴士之厄困"和"不矜其能，羞伐其德"一样，属于赞美之词。三国时，曹植在《七启》中说："雄俊之徒，交党结伦，重气轻命，感分遗身……此乃游侠之徒……"刘劭在《赵都赋》中说："游侠之徒……贵交尚信，轻命重气，义激毫毛，节成感慨。"这都是对侠的肯定与赞赏。

唐代司马贞在《史记集解序》中称："游侠，谓轻死重气，如荆轲、豫让之辈也。游，从也，行也。侠，挟也，持也。"吕向在为《文选》作注时称侠为"结交豪强、轻死重义之人"，将有轻死重气人格意志的人称为侠，这仅揭示了侠人格的一个方面。颜师古在为《汉书·季布传》作注时说："侠之言挟也，以权力挟辅人也。"这则完全偏离了侠义的本质。

明代的李贽在说明什么人是侠时，提出了一个新的观点。他在《焚书》中说："自古忠臣孝子，义夫节妇，同一侠耳。"他将"忠臣孝子，义夫节妇"也称为侠，认为他们在精神上都是相通的，把侠的精神气节纳入官方倡导的道德范畴中，在对侠给予高度的肯定的同时又将侠的界定泛化了。

到了近现代，关于侠的定义仍没有一个统一的说法。章太炎在《检论·思葛》中说："法家之患，在魁柄下移。移者成于纵横之辩言，其上则雄桀难御，不可以文法约束者为特甚。故韩非所诛，莫先于务朋党、取威誉。其在蒿莱（顺民）明堂（官吏）之间，皆谓之侠。"他认为游离于平民和官府之间这一生存空间的人都可以称为侠，这未免过于绝对化了。史学家范文澜在《中国通史简编》中论述"士"的构成时说："士大体分

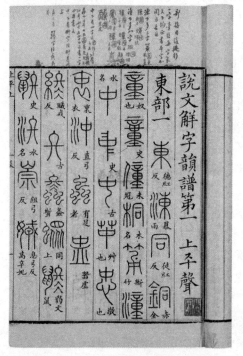

《说文解字》书影

为四类……最下一类是食客，这一类人数量最大，流品最杂，其中包括鸡鸣、狗盗、任侠（恶霸）、奸人、罪犯、赌徒、屠夫、刺客等等无赖凶人，通过贵族将相来吸食劳动人民的血汗。"这里的"任侠"即指恶霸，将侠简单地定性为恶霸，又绝对有失偏颇。

如果把历史上各个时期有关侠的记述和看法加以概括，所谓侠者就是不循章法、舍生就义、抑强扶弱之人。他们以崛起于民间的力量，来维持社会公道，保障社会秩序，挟武犯禁，慷慨悲歌。他们或浪迹江湖，叱咤风云；或驰骋里巷，权行州域，力折公侯，声震天下，表现出一种"纵死侠骨香，不惭世上英"的气概，为世人所敬仰。汉代以来，侠者一般游行江湖，从来没有形成一个固定的群体或组织。如果形成组织的话，也是以特定的面目出现的。如历史上的梁山英雄，江湖上劫富济贫的盗匪，都带有浓厚的江湖侠义精神，人们常称之为侠义之士，他们所形成的组织，就是一种特定的形式。

综上所述，我们认为，侠就是指那些具有急人之难、舍己为人、伸张正义的人。在大多数情况下，侠是替下层百姓解困救厄济危、铲除人间不平、伸张社会正义的正面力量。当然，其中有些观念夹杂着各种负面行为与影响，这在后文中我们会有所阐述。

##  古代侠士的类型

自先秦以来，在一些史籍和文学作品中出现了侠的许多类型，概括起来有以下几种：

### 1. 游侠

游侠主要指那些不持常业、不治生产、喜好周游之人。汉代的史学家司马迁和班固分别在《史记》和《汉书》中为游侠作传，后世文史学家也多有沿袭。如唐代诗人卢照邻《杂曲歌辞·结客少年场行》就有"长安重游侠，洛阳富才雄"的诗句，杜甫也有"惆怅白头吟，萧条游侠窟"的名句。直到明清时代游侠一词仍较流行，如《明史·阮大铖传》记载阮大铖"避居南京，颇招纳游侠，为谈兵说剑"。

《史记·游侠列传》中所记游侠有朱家、剧孟、郭解等，班固《汉书·游侠传》中除照录朱家等人事迹外，又增加了万章、楼护、陈遵、原涉等人，

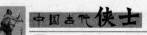
此后便无以为继，历代史家不再专门为游侠立传了。东汉以后游侠一蹶不振，梁启超在《中国之武士道》中分析其原因是："故文、景、武三代，以直接间接之力，以明摧之，而暗锄之，以绝其将衰者于现在，而刘其欲萌者于方来。武士道之销亡，夫岂徒哉!"他认为朝廷的滥刑滥杀是游侠根本无法生存的原因。

但是，单是严刑滥杀，未必就能灭绝游侠。虽然从《后汉书》起，史家不再为游侠作传，可这不等于社会上不再存在游侠。魏晋南北朝诗篇、唐代传奇，以至宋元话本，其中的侠士形象，不少带有其创作时代生活的印记。作家之所以将侠士搁在兵荒马乱、藩镇割据或者王朝更替的时代，自然不是偶然的。当然，文学不等于生活，这里掺入了许多作家想象的成分。但文学也来源于生活，难免带有历史的印记。史家之以为无可述，不等于就不存在，东汉以后游侠未必就真的魂销魄散，只不过不再进入正统史家的视野而已。

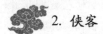
### 2. 侠客

"侠客"这一称呼，后人用得最多，最早出现于司马迁的《史记》，其中有"侠客之义又曷可少哉"之句。从历史上看，游侠多投身他人门下，被人供养，受人驱策，和"门客""宾客"相类同，如先秦的曹沫、专诸、豫让、聂政、荆轲等人。他们很多人都受战国时期"士为知己者死"的时代精神影响，甘心冒死去行刺，表现了"侠"的精神，因而都可视为侠客。唐代诗人李白有著名诗篇《侠客行》，极力歌颂侠客。

### 3. 官侠

官侠指的是某些正义的官差。将他们列为侠的一类，主要出于人们对为官公正的希冀。在一些文学作品，特别是公案小说中，官差通常代表正义，维护社会秩序，为民除害，也被人们视作"侠"，也就是官侠。一些游侠或侠盗往往也愿意受招安转变为官差"替天行道"。《七侠五义》中，无论是南侠展昭或是陷空岛的"五鼠"，最后都选择了官差一途，便是最好的证明。

### 4. 豪侠

这类侠一般是具有一定身份地位的侠士，他们往往豪纵而不受约束，故称"豪侠"。豪侠大都不直接以自己的行动而是通过慷慨轻财达到"救人于厄，振人不赡"的目的，如汉代的郭解就是典型的豪侠。

以上只是普遍认识上的几类"侠"，对侠不同类型的认识有助于了解"侠"的意义，找出他们共同的特质，从而更好地理解中国的侠文化及其所表现出的侠义精神。还有其他关于侠的不同类型，这在本书最后一章中会加以详细介绍。

## 知识链接

### 李白《侠客行》

赵客缦胡缨，吴钩霜雪明。

银鞍照白马，飒沓如流星。

十步杀一人，千里不留行。

事了拂衣去，深藏身与名。

闲过信陵饮，脱剑膝前横。

将炙啖朱亥，持觞劝侯嬴。

三杯吐然诺，五岳倒为轻。

眼花耳热后，意气素霓生。

救赵挥金锤，邯郸先震惊。

千秋二壮士，烜赫大梁城。

纵死侠骨香，不惭世上英。

谁能书阁下，白首太玄经。

## 古代侠士的产生背景

侠士与侠义，是中国特有的历史和文化现象。关于侠士的起源，自古至

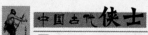

今，人们有着不同的看法。有的人认为侠士起源于某一学派，如章太炎、梁启超、孙铁刚认为侠起源于儒家，侯外庐、闻一多、鲁迅等认为侠士起源于墨家。有的人认为侠士起源于某一阶层，如冯友兰就认为侠出于士，陶希圣认为侠出于游民。还有的人认为侠起源于一种人的气质、精神，如刘若愚、崔奉源等就持这种观点。

其实，侠士是特定时代的产物。侠士产生于春秋战国时期，这不仅是因为当时社会的混乱和黑暗，人间有众多的危难与不平，而且也与人的血性良知、侠义气质关系密切。归结起来，侠士的出现有着复杂的社会文化与心理因素。

 **1. 先秦尚武好剑的风气**

侠士的基本特征是尚武。梁启超曾说："中国民族之尚武，其最初之天性也。"事实上就是如此，侠士的起源与原始氏族社会的尚武遗风有关，中国原始先民原本就具有尚武重勇的风习。在人们的日常生活中，习武和耕猎都是重要的生活内容。人们之间平等互助，人人勇于担负起为氏族成员复仇的使命，好勇轻死，勇于捍卫本氏族的利益。先秦时期，上承古风，下秉民俗，尚武好剑成为一种社会风气。到了春秋战国时期，中原大地一些地区仍然存在着程度不同的原始遗风，主要表现为好勇尚武，勇于以生命捍卫本地群体利益。这种社会风气中，一些人仍然坚持以原始风尚来行事，奋起维护公道，打抱不平，扶弱抗强，救人危难。这样，那种原始氏族遗风就开始转变为任侠风俗。

侠的产生还受到先秦好剑之风的影响。先秦社会，剑是人们喜爱的武器之一，社会上形成了不少与剑有关的习俗，如佩剑成为一个人身份和地位的标志，也是人们显示仪表和风度的装饰。当时还出现不少善于铸剑的能工巧匠，如吴国的干将、越国的欧冶子，也出现了一些相剑师，以及许多技艺高超的剑客。人们对剑崇拜的心理直接影响着侠的产生。

 **2. 文武分途与士的分化**

侠最初萌生于"士"这一特殊阶层。在春秋以前，知识为贵族所垄断，"士"主要指那些从平民中分化出来的以作战为主、以耕田为辅的社会阶层。

春秋中后期，是社会大动荡、大变革、社会矛盾错综复杂的时代，各国统治者及公卿贵族为加强自己的政治实力，以便在兼并战争中和权力斗争中占据优势，纷纷礼贤下士，出现了"养士"风潮，供养了大批门客。养士最为著名的为战国"四公子"，即齐国的孟尝君、魏国的信陵君、赵国的平原君、楚国的春申君。"四公子"所养勇力之士众多，都超过 3000 人，其中不乏侠义之士。这种养士之风为侠的产生与发展提供了适当的场合与内在的驱动力。养士这种方式既能为侠提供生存的空间，又为侠创造出实现自我价值和发挥作用的大好机会。养士之风使得侠成为一个社会群体出现在政治舞台上，充分展现其道德理想和人生价值。

　　因此，随着春秋时期礼崩乐坏、学在官府局面的解体，部分平民有了接受文化知识的可能，"士"便开始分化，出现了文武分途，文者为儒，武者为侠。那些豪门所养之士发挥着非常重要的作用。如文士，有的为主人出谋划策，在政治斗争中审时度势，以应急变；有的著书立说，在理论上为统治者寻找统治根据；有的在各国奔走游说，为本国统治者谋利；还有的为主人经办各种事务，主持政事。作为武士，有的保护主人的人身安全；有的为主人争夺政治地位，除掉政敌或仇人；有的以勇武壮大主人声势。一部分人专门从事文化教育，开学授徒，周游列国，为统治者出谋划策，成为最早的"儒士"，如孔子。另一部分人仍保持原来的尚武传统，成为"交党结伦，重气轻命"的武士。武士后来逐渐演变为侠士。这批最早的侠士中，最著名的有晋国的豫让，吴国的专诸、要离，齐国的聂政，卫国的荆轲。他们或为春秋时的刺客，或为战国时的游侠，有的武艺很好，有的则武艺平平，但他们的经历都很相似：最初都是隐伏于民间下层的豪杰或游侠，后因与某些权贵折节相交，对他们极尽礼遇和尊重，于是他们为报知遇之恩，遂舍身行刺这些权贵的仇人。

 **3. 深刻的社会与历史原因**

　　这与春秋以来随着周王室衰微而出现的政治失序、宗族解体、社会动荡之背景有关。正是在社会变动、阶级升降的历史大转变时期，才产生了侠这一特殊的社会人群。班固在《汉书》中就指出，侠的出现是先秦社会急剧变动的结果。他说："周室既微，礼乐征伐自诸侯出。桓、文之后，大夫世权，陪臣执命。陵夷至于战国，合从连横，力政争强。由是列国公子，魏有信陵，赵有平原，齐有孟尝，楚有春申，皆借王公之势，竞为游侠，鸡鸣狗盗，无不宾礼。"

先秦出现的养士之风，刺激和推动了侠的大量产生。它对于侠的诞生和早熟有着极其重大的影响。当时，"天子微弱，诸侯力政"，出现了"邦无定交，士无定位"的局面。统治者为了各自的利益，"急难索士"，养士之风骤起。他们养士，都有着十分明确的、直接的政治目的。如吴国的贵族公子光养士的目的就是为了夺取吴王僚的王位，他结交了专诸等一些勇士。鲁庄公也极为尚武好力，与鲁国勇士曹沫气味相投，视其为心腹。后来齐鲁会盟时，曹沫孤身一人"执匕首劫齐桓公"，以报答鲁庄公。

除了受春秋战国之际社会变迁的大背景影响之外，侠的产生还深受先秦诸子思想的影响，尤其是墨家思想的影响。墨家热衷于利他的精神，具有强烈的正义感，讲究兼爱、重义轻利及绝对的忠诚，这些主张和特点都与侠的侠义精神相一致。

## 古代侠士的基本特质

春秋时期，侠士是一个特殊的人群，为主人排难解忧、保镖护身、刺杀政敌、报仇雪恨；对他人见义勇为、抱打不平、重义轻生、一诺千金。

剑

春秋时期文武分途，出现凭知识谋略求仕的文士和凭武艺本领立足谋生的武士。最早的武士多是贵族子弟，他们习武是为了从军参战博取功名。逐渐，武士群体的成分为平民取代，这些凭武艺为生的平民成为各国豪贵的门客。此后，任侠之风日盛，侠义行为和侠义精神受到多方人士的赞扬和仿效。不仅民间多有人以武艺高强行侠仗义为自己的追求目标，就是贵胄望族也难以免俗。

在历史上，"侠"曾是正义的化身，是百姓的精神寄托。在不同的历史时期，"侠"对政治、社会也都曾产生过影响。只不过随着社会经济的发展，"侠"不再是一个特殊的人群，而成为寄身于各行各业之中行侠仗义的"侠士"。保镖、护院、教场、卖艺者中有侠士，士农工商中有侠士，吏员豪强、绿林好汉中也会有侠士。

侠士，顾名思义，就是行侠仗义的人。在老百姓心中，侠士是受压迫的底层百姓的救世主，是可以用超人胆识、超人力量为受压迫受欺凌的底层百姓主持正义、提供保护的依靠。

那么，到底需要什么样的条件，才有资格被称为侠士呢？以下就是3个最基本的条件：

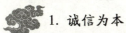

### 1. 诚信为本

信守诺言，言必信，行必果，只要应允了的事，舍死忘生也要兑现。就如春秋时晋国的程婴，舍去亲生骨肉，忍辱负重19年，抚养赵氏遗孤。他是信守承诺、言行如一的侠义行为的典范。

### 2. 义字当先

这个"义"字包括两层含义：

一是指正义。称"侠"的人得有明确的是非观念，能主持正义，秉承公道，仗义疏财，见义勇为。习武者引以为荣的扶危济困、除暴安良、路见不平、拔刀相助等行为，都属于伸张正义的范畴。大刀王五支持谭嗣同变法，抵御八国联军入侵，是伸张正义的榜样。当代那些不顾个人安危勇于与贪官污吏作斗争的反腐斗士，他们的所作所为也是伸张正义的行为。

二是指忠义。忠义是忠于义气，忠于朋友交情。肝胆相照，生死与共。有为朋友两肋插刀的精神。当今社会对于不讲是非盲目主张哥们儿义气的行为是持否定态度的。过去则是把它当作是否够格称"侠"的尺度。战国时魏人聂政，为报知己严仲子之恩，只身赴韩国刺死严仲子的仇人侠累。成功后，他"自面皮决眼，自屠出肠，遂以死"。他的行为成为"士为知己者死"的典范，忠于义气的楷模。

### 3. 勇字当头

侠士们有胆有识，勇赴危难，临危不惧，视死如归。想做到"诚信"和"仗义"，没有勇敢的精神和过人的胆量不行。秦末张良"使力士以百二十斤铁椎击秦王车"的义举，没有勇气是做不到的；清雍正时大侠甘凤池、白泰官等没有勇气是难以诛杀祸害百姓的淫僧了因的，他们是除暴安良的榜样；

清末鉴湖女侠秋瑾没有勇气是做不到慷慨就义的，她是舍生取义的榜样；民国王荣标，没有勇气是难以长期接济照料落魄的武林人士和贫苦百姓的，他是仗义疏财的榜样；而清末女侠马素贞千里迢迢替兄报仇，民国武师赵鑫洲仗义替师父坐牢，近代拳师马玉清在师父去世后侍奉师娘直到终老，也都是因为具有相当的勇气，才能做出常人做不到的侠义行动。

## 古代侠士的社会成分与来源

关于侠的社会成分和来源，人们的看法不尽一致。有人认为侠来源于平民，就是一批把侠当成职业的平民；有人则认为侠源自游民，就是社会上那些不事生产的、政治的及社会的活动游闲分子；还有人认为，侠不是一种专门职业，来自社会不同的阶级阶层，各操其生业。侠之所以行侠，目的并非为了谋生，而仅因为喜欢行侠，喜欢受侠义精神的驱使，去做自己认为该做的事。所以，与其说他们是一个特殊的社会集团，倒不如说他们是一些具有特殊气质的社会人群。

从侠的起源来看，侠的来源之一是先秦时期士阶层中尚武的一类。春秋战国时期，列国纷争，攻伐兼并。各国内部也矛盾重重。各国统治者为了打击异己力量，扩张自身势力，在争夺与兼并中掌握主动权，纷纷礼贤下士，蓄士养士，养士之风盛行。在这种氛围里，一些"士"人遂以武力和智慧作为手段，以舍生取义为实现

王荣标

其自身价值的根本目标，讲信用，重然诺，扶危济困，成为流芳后世的侠士。

当时，因为社会的急剧变动，不少社会成员的地位发生改变，其中有一些人丧失了贵族封号，降为平民，还有一些人则从奴隶、平民阶级上升为小地主、小工商业者。在社会变动中，这些人为了追求社会正义，彰显兄弟友谊，甚至为国赴难，或知恩图报，见义勇为；或路见不平，拔刀相助；或扶贫济困，锄奸除恶。

自秦汉以后，侠的来源逐渐复杂。随着封建统治秩序的日益完善和稳固，封建的人身依附关系与等级关系完全确立起来。封建统治者要维护自己的尊严，要维护固有的秩序，对侠之"以武犯禁"的行为不能再容忍，遂对其有所约束和限制。这样，侠的社会地位日渐低落。尽管如此，侠义之士依然不绝如缕，行侠仗义依然为民间百姓所称道。两汉以后，游民成为侠的主要来源。游民一般是指游离于土地之外的人，他们属于丧失了土地等生产资料和生活手段，游荡不定无以为生的社会阶层，他们从农村封建生产关系中脱离出来，却又无法融入都市商业经济之中。于是，他们或依靠富豪的庇护，或仰赖政府的赈贷，或转而去压迫更弱小者以求生存。游民问题一直是困扰历代王朝的主要社会问题之一，这部分游民的最终结局是，或者成为小工商业者，或者成为依附农民，也有相当一部分游民以武力游行于社会，"惊扰州县，杀伤吏民。恣凶残之威，泄愤怒之气"，成为游侠。

侠的成分也越来越庞杂，从王公贵族到平民百姓，从江湖盗匪到妓女乞丐，几乎各个阶层都有侠的产生。如西汉时期侠风盛行，社会中经商者、方术之士、布衣卿相行侠仗义的很多。后世则有一些科举考试屡试不第的落魄士子，或在不同方面遭受坎坷的士子们转而为侠。还有一部分出身官宦、商人、乡绅或者农民家庭者，他们在少年时代慕名为侠，年长后则转而入仕，或另有他就。州郡大姓、地方豪强中的人也不乏成为游侠的。如《史记》中记载的可立掷千金但身无余财的郭解与"家累数千万，食客日数十百人"的灌夫，这样的豪侠也不是一般游民出身。

总之，侠的来源与成分并没有确定的阶层，无论是平民游民，还是贵族富豪，都有可能在不同的时期因为社会的变动、个人际遇等因素而加入侠的行列。侠，作为富有侠义精神的特殊人群，受到大无畏英雄精神的感召，曾在中国历史上做出过许多轰轰烈烈的义举，为人们所颂扬。他们不属于任何阶级、阶层。

# 第二节
# 侠士简史：历代侠风的传承与演变

　　在我国古代社会群体中，侠士是较为特殊的一个阶层，从先秦到近代，在绵延数千年的历史里，几乎每一个朝代都能寻觅到他们的踪迹。侠士具有多种美德：他们惩恶扬善、急公好义；他们生死不惧、大智大勇；他们一诺千金、不矜其功。侠士的行为方式独特：他们行侠仗义，身怀绝技，武功超群。因此，千百年来，侠士深受民众的喜爱和欢迎，激发出一代又一代人的侠士梦想。自先秦以来，在各种正史、野史中关于侠士的记载不绝如缕，正统文人的诗文中也有为数不少的咏唱侠士的篇章，戏曲、小说中的侠士形象更是灿若繁星。侠士群体、侠士文化成为我国民族文化长河中一朵绚丽而激荡的浪花。

## 发端期：先秦游侠的兴起

　　侠士兴起于春秋战国时代。当时社会动荡不安，诸侯争霸，弱肉强食，礼崩乐坏，纲纪失常。在这样一个变乱纷争的时代，"儒以文乱法，侠以武犯禁"，侠士开始登上历史的舞台。

　　中华民族有着悠久的文化传统，其中不乏丰厚的侠义资源。以儒、墨、道、法四大思想哲学流派为代表的先秦诸子中，几乎均包含有侠文化的文化基因。墨家主张"摩顶放踵，利天下"，以"兼爱"为本以图天下之治，为墨家之徒养成了一身的侠气。后世学者往往视墨家为侠文化最直接的源头。儒家讲"杀身成仁，舍生取义"，在行为气质上提倡"大勇"，阳刚伉直，与侠的人格品性和行事原则非常接近。道家的思想、生活与情感态度与侠士也有不少相通之处：如道家追求个性自由，率性而为，与侠者绝弃庸常的情怀，蔑视礼法、浪迹江湖的行为是一致的。道家武功与侠文化中的"武"的构成关系密切，如以武当派为代表的道家功夫便是武林江湖的重要组成部分。对侠评价较低的是法家，他们认为"侠以武犯禁"，即以武力来触犯法度、刑律，但是并未否定侠义精神本身，只是对其行为方式提出批评而已。总之，侠士的出现既有其特定的时代背景，又有其深刻的文化必然性。

从侠士的演变史来看，先秦的侠士属于古侠，是我国侠士历史的发端期。先秦时的刺客便是典型的古侠，他们为酬知遇之恩，甘心舍命相报，刺杀政敌，如豫让刺杀赵襄子、专诸行刺吴王僚、要离刺庆忌、聂政刺韩累、荆轲刺秦王等，皆因报恩而以性命赠人。卿相之侠也是古侠另一重要形态，他们一般具有尊贵的身份地位，或为诸侯亲属，或为王公大臣，拥有雄厚的物质条件，好为交接天下贤良。最有名的莫过战国四公子，即齐国的孟尝君田文、魏国的信陵君魏无忌、赵国的平原君赵胜、楚国的春申君黄歇。他们供养大量食客，救助陷于困厄的下层侠士，体现出仗义疏财、急人之困的侠义精神。不仅如此，他们还敢于冒犯强敌，具有急公义、赴国难的"大侠"精神，如信陵君窃符救赵、春申君谏书救楚的行为便是如此。这种侠义精神已经超越了个人之间恩怨相报的藩篱，具有大仁大爱的品质。先秦时期的古侠所具有的人格和侠义精神奠定了我国侠士文化的主调，对后世的侠士观念产生了深远的影响。

当时，游侠宛若一朵奇葩，绚烂地绽放在战国波澜壮阔的历史舞台上，上演了一幕又一幕惊心动魄的真实戏剧。有些侠士，因得益于帮助主人做过一些有影响的事情而留名青史，这是值得庆幸的。但大多数先秦时代的侠士被历史湮没了，难见于记载。

## 分化发展期：两汉侠风的盛行与异变

两汉时期是侠士大分化、大发展的时代，侠文化趋于复杂化、多元化。秦、汉易代之际，承春秋战国以来纷乱之余绪，加上短暂秦王朝的暴亡，各种政治势力混乱纷争，社会变动的剧烈程度丝毫不见减弱。自此，中国步入了侠士的黄金时代，一时侠风盛行，市井细民好义尚侠，贵族士大夫亦崇尚侠风。

与此同时，民间侠士的势力也得到了迅猛的发展。据《汉书·游侠传》载，此时侠士众多，自大侠郭解之后，出现了"侠者极众，而无足数者"的局面。在西汉王朝的统治中心长安更为兴盛，"街间各有豪侠"。

汉代出现了继先秦之后的第一次任侠高潮，侠士数量众多。《汉书·游侠传》说，其时，"侠者极众，而无足数者"。汉代侠士的活动范围广，遍布于社会各个角落；任侠风潮延续时间长，两汉四百年间，时时有侠士的活动。司马迁作《史记》、班固著《汉书》均为游侠立传，都说明了汉代侠风的兴盛。

有汉一代，为侠者的身份十分复杂，有朱家、郭解和剧孟、原涉这样的布衣闾巷之侠；有像灌夫、宁成这样交通豪猾、役使千家的暴豪之侠；有如陈遵、楼护、袁盎、栾布、郑当时这样亦官亦侠、兼两者于一身的卿相之侠。总之，从汉初至西汉武帝年间，是中国历史上侠士的黄金时代。

 **1. 汉代侠风盛行的原因**

汉代侠士有着显赫的名声，很多侠士"声施于天下，莫不称贤"，有时比朝廷命官有更大的影响力。汉代侠士有很多崇拜者，社会上流行轻官重侠的思想。为什么汉代会出现侠风兴盛的情况呢？其原因自然与先秦侠风的兴盛有所不同，归结起来主要有以下几点。

（1）汉初政策较为宽松

正如班固《汉书·游侠传》所言："及至汉兴，禁网疏阔。"统治者对侠士群体的宽松政策促进了游侠之风的盛行。然而这并不等于统治者对游侠完全抱一种宽容放纵的态度。在文、景、武三代，统治者对游侠的诛伐是相当严酷的，尽管如此，汉代的游侠之风并没有因统治者的裁抑而衰息。因为当时"制度不立，纲纪废弛"，为游侠提供了一个活动舞台，这就不是杀戮所能抑制得了的。

（2）统治阶层好侠尚武

汉初的皇帝、将相大多出身布衣，性格上桀骜不驯，重武轻文，颇具侠士风度。尤其是刘邦，可谓开汉代侠风之先。出身草莽的汉高祖刘邦，经过激烈的争战，终于颠覆了短命的秦王朝而成为统治者。刘邦于马上夺取天下，素来喜武轻文，其公卿"皆武力有功之臣"，加上他自己本身就是"市井流氓"，更对豪侠之士青睐有加。他的功臣大多起于社会底层，不少人具有侠士气派，在《史记》中多有记载。《陈丞相世家》记载陈平是位有侠风的谋臣；《黥布列传》记载英布曾"亡之江中为群盗"；又据《季布·栾布列传》云，季布"为气任侠，有名于楚"。班固《汉书·叙传第七十下》说："（韩）信惟饿隶，（英）布实黥徒，（彭）越迹狗盗，（吴）芮尹江湖，云起龙襄，化为侯王。"指明他们均来自下层社会的任侠者。上者好之，下必为甚，连投靠刘邦的儒生孙叔通，为了投刘邦所好，在刘邦面前不穿儒服，且"专言诸故群盗壮士进之"。两汉的王公权贵们有的自身也任侠使气，并引以为荣。甚至有些儒生也有"交通轻侠，借客报仇"的经历。上层统治者的出身、性格、爱好在某种程度上助长了社会上侠风的蔓延。

正因为统治者自身对侠风的爱好以及其任侠的性格，才形成了法令宽松、崇武抑文的文化环境，导致轻死重气、令由私出的侠风的产生。

（3）汉代的养士风气再度盛行

汉代侠风的流行得益于养士风气的再度勃兴，尤其以汉初年间为盛。时承战国养士之风，以吴王刘濞（刘邦侄子）、淮南王刘安（汉高祖孙）、衡山王刘赐（刘安弟）、梁孝王刘武（汉景帝弟）最为著名。刘濞、刘安聚养的宾客多达几千，刘武招延四方豪杰，刘赐心结宾客，淮南王刘安更是优待境内有少女的民家，让他们准备将自己的女儿下嫁自己招徕的侠士，乃至造成淮南"女多而男少"的状况。汉文帝刘恒在还没有当上皇帝时曾经专门建造"思贤苑"，用以招集天下豪杰，苑中的布置十分奢侈和豪华。

刘氏贵族的养士癖好，

刘邦

感染了整个西汉贵族社会，许多人都以养士为时尚，甚至一些地方官也热衷于养士。代相陈狶专门结交布衣之士，"宾客随之者千余乘，邯郸官舍皆满"。外戚魏其侯等人的门客"竞逐于京师"。甚至到汉成帝时，养士之风仍未衰竭。这种养士之风也促使贵族内部产生了不少任侠之人。不难看出，这种任侠之风的蔓延，使任侠思想从一般的"士"波及到养士的贵族本身，不但扩展了侠的范围，也间接地为侠的发展提供了更大的空间。西汉的这种社会风气一直延续到东汉。

进一步来看，西汉养士风气的形成是当时社会情势下一些重要人物政治野心、虚荣心理、夸饰虚骄的综合社会心态的产物。随着侠士在社会上的影响加大，当政的权贵们为了政治斗争的需要，热衷于结交著名豪侠，或者扩大自己的社会影响，或者谋求政治权势。

### 2. 汉代侠风的变化

与此同时，两汉游侠出现了明显的质变，由司马迁所称扬的道义之侠变为班固所谴责的豪暴之侠，任侠者表现出豪强化、群体化的特征。《汉书·游侠传》云"长安炽盛，街闾各有豪侠"，其中便不乏豪强之侠，如汉武帝时的灌夫便属此类，他好酒使气，傲上敬下，豢养门客，鱼肉乡里，称霸一方。汉景帝时的宁成亦为豪暴之侠，虽然他也做过一些任侠之事，但他任气作威，驱使民众，深致乡民怨恨。东汉荀悦在《汉纪》对这类豪侠做了中肯的界定："立气势，作威福，结私交，以立强于世者，谓之游侠。"事实上，两汉的豪侠总体上已经堕落了，行善少而作恶多，与先秦游侠的标准相去甚远，侠文化呈现出明显的异化倾向。

汉代侠者的活动范围大都集中在城市，特别是当时的政治、经济中心长安和洛阳。之所以如此：一是据此可获得足够的生活来源；二是便于结识豪强，收纳游闲；三是用以交通官吏，以为援手。这些侠士在城市中有的有自己的职业，有的整天游荡无度。在城市中的各种闲杂人等或者成为侠士的帮手，或者与侠士对立使侠士获得表现的机会。侠士们大多规守自己的活动范围，一般互不侵犯。他们通常以一著名的侠魁为中心，以一群浮手游闲组成的门客为辅，形成集团，各有势力范围，彼此之间似有互不相犯的成约。有时还以宗族为单位，聚族而居，同族相保。总之，这与战国时期侠士大多分散的状况相比已经发生了变化，所以战国时期的侠士被称为"游侠"；而西汉时期的侠士不仅活动区域相对固定，而且势力也因为集团性活动而大大超过战国游侠。

 ### 3. 汉代侠士遭受的打击

汉代之侠多活动于民间，其行为主要是救人性命，藏亡纳死，调解纠纷，替人报仇等。这与先秦之侠有所不同——先秦之侠多参与政治活动，活跃在政治舞台上。汉侠行侠时，往往同官府法律对抗，所以常常招致封建统治者的残酷镇压。再加上侠士自身品质的变化与豪强化、集团化，这就导致了这一群体的衰落。西汉皇族曾对豪侠进行了3次大规模的打击和镇压。

汉景帝刘启实施了对豪侠的第一次大规模打击，他采用了派遣得力官吏直取豪侠活动中心进行剿杀的方法。《史记·游侠列传》和《史记·酷吏列传》都记叙了这次行动的原因和具体过程。酷吏周阳由"最为暴酷骄恣"，汉景帝重用他镇压豪侠，让他到豪侠最活跃的地方频繁出兵镇压。汉景帝还重用酷吏宁成，任命他为中尉，负责京城的治安。宁成捕杀了大量豪侠，使得"宗室豪杰皆人人慑恐"，长安的治安状况得到好转。但是从总体上看，汉景帝的镇压并未治本。

汉武帝的做法较之汉景帝更进一步，他采取了迁徒豪强、实施"告缗令"、"以侠治侠"等3项主要措施。其中公元前138年汉武帝下诏"徒郡国豪杰及訾三百万以上于茂陵"，进行了一次大规模的地方豪侠迁徒，使得地方豪侠割断了与地方的联系，被中央政府所控制。著名的关东大侠郭解就在这次迁徒中元气大伤。此后，汉武帝又进行过一次豪侠的迁徒，进一步打击了地方豪侠的势力。公元前114年，汉武帝还颁布"告缗令"，命令豪侠的税费按其占有田地及使用奴婢数量的多少来征收，并全部以钱数计算，试图"用锄筑豪强兼并富商大贾之家"，最终达到从政治上和经济上打击豪侠的目的。汉武帝还利用曾为豪侠的官吏去镇压豪侠，王温舒自身就是杀人的豪侠，汉武帝利用他镇压豪侠，他又从自己当年的随从中挑选部分"豪敢"之士参与镇压豪侠的活动。

在汉昭帝、汉宣帝继续镇压豪侠的基础上，汉成帝又开始了第3次对豪侠的大规模打击。汉成帝首先集中力量镇压京师的豪侠，普遍运用"以侠治侠"的方式，他还重点打击一般的豪侠，拉拢势力巨大的豪侠。这些打击豪侠的方法在东汉王朝也没有被统治者放弃。

**张良博浪沙椎击秦始皇**

　　早在秦时，韩国贵族张良居下邳的时候，结交游侠之辈，窝藏过命案在身的项伯。秦统一天下之后，张良倾家荡产，仗义疏财，广结天下侠士，图谋刺杀秦始皇，以兴复业已灭亡的韩国。后来，张良结识一力大无穷的侠士，以大铁椎在博浪沙狙击巡游的始皇。

## 复兴期：三国魏晋时期的侠士

　　任侠之风经过汉朝的多次打击后，日趋衰微。至汉末三国时期，侠风才有了短暂的复兴，除了在民间一直有继承古游侠的"侠义"活动之外，更显著的是上流社会的人物纷纷弃文就武，循两汉豪侠之遗习，豪暴凌弱，而且因社会处于大动乱中，豪侠的政治野心更为加强。如袁绍、曹操等人"少而好侠，轻财重气""拓召豪猾，时有急难相投者，多能容匿之"，以此来扩大自己的政治影响和武装实力。这类豪侠，大多是开始以豪侠之名闻名当世，崛起于风尘之中，然后位居王侯之尊，将任侠行义作为获得显贵地位的跳板和工具。而民间侠士中除了那批继承了古代侠义传统的人，也发生了分流：一部分人凭一身武艺与勇力通过军功进入上层社会，如典韦、许褚等；另一部分则啸聚山林，过起绿林生活，这成为后世武侠得以繁衍和生存的最重要的土壤之一。

　　三国两晋南北朝是一个社会大分裂、民族大融合的时代。在南北割据的战乱背景之下，群雄四起，流民大量增加，社会的不安定因素突出，为侠客的产生提供了历史契机。同时，自汉代中后期元气大伤的侠客又开始重新活跃起来，并出现了不少新的特征。侠客们在政权更迭频繁、社会变化无从把握、社会心理崇尚权势的特定背景下或者轻财好施，凭借自己的经济实力赈穷周急，笼络人心；或者纠集本族、本乡人士武装自保，以求在乱世中维护宗族的利益，产生出地域性与宗族性的豪侠首领。等而下之的是随着侠观念的被扭曲，一些人走马飞鹰、放荡不羁、横行乡党、以武犯禁，堕落成为流氓之侠。这种多元化的侠客风气构成了三国魏晋时代侠客历史的主旋律。此时的侠客更多的是追求现实功利，政治色彩愈发浓厚，在很大程度上丧失了古典侠者的独立人格和侠义立场。

三国时期，各路枭雄豪杰竞相以侠名闻于当世。挟天子以令诸侯的曹操，年轻的时候浪迹乡里，专好与侠客交往。他曾经和袁绍一同为游侠，到处仗义疏财，打抱不平，有"任侠放荡，不治行业"的声名。

曹操手下的大将不少也出身于侠，如张邈、典韦、臧霸等人。典韦形貌魁梧，膂力过人，重气节，好任侠，是个一诺千金的侠客。他曾为朋友报仇杀人，亡命于江湖之上，以超群的武艺和胆勇闻名于豪强。曹操任典韦为校尉，军中誉其为"帐下壮士"。曹操的另一位部将许褚，也是个勇力绝人的彪形大汉。许褚在游侠中颇有威望，他的游侠朋友非常多，因此，他手下大多是既武艺高强又敢于拼死的剑侠之士。许褚常随曹操左右，负责侍卫，被人称为"褚侠客"。刘备、孙坚、孙权，也都有好侠的气质和任侠的经历。他们或者任侠放荡，不治行业；或者结交豪侠之辈，豢养侠士，并因此获得很高的社会荣誉，成为所谓的公侯豪侠。

袁绍是贵族子弟，他不仅自己好为游侠，而且门下养士众多，颇有战国

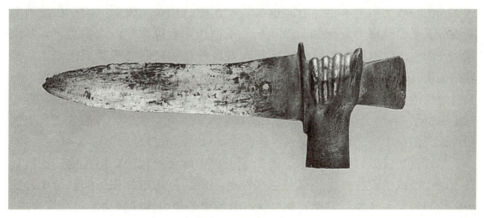

古代武器——青铜戈

四公子卿相之侠的遗风，并凭借侠名和威望延揽天下豪杰，所以门下多智勇之士，得以在抗击董卓的诸侯联军中任盟主。其他如袁术"以侠气闻"（《后汉书·何进传》），甘宁"少有气力，好游侠"（《三国志·吴志·甘宁传》），凌统"轻侠有胆气"（《三国志·吴志·凌统传》）等。

两晋社会继续动荡，即使在王朝初始时期也未得到多少太平。当时社会上游食之民众多，导致秩序不稳定，甚至出现了集体性的暴乱。在这些暴动的流民中，多有侠客参与其中。如东莱人王弥好在京师行侠，当他率众揭竿而起时，从河东、平阳等地迁来颍川的数万百姓都烧了城邑，杀了长吏，以相呼应。在流民暴动中，一些大族结合自保，其统帅如祖逖及手下也多游侠。两晋宗室如汝南王司马亮的儿子、宣帝之孙司马宗，淮南忠壮王司马允，都曾经为权力斗争的需要联结轻侠，充当羽翼。济南惠王司马遂曾孙司马勋习弓马，喜与游侠交通。这类事迹在《晋书》中多有记载。

南北朝时，政权更迭频繁，侠的活动也很活跃。南朝诸帝，特别是开国皇帝都注意收揽豪杰，其中如宋之臧质、萧思话等，齐朝刘怀珍等，梁朝裴子横等人，陈之熊昙朗等，皆因此位居高品。据裴启《语林》记载，当时有个李阳，是"士庶无不倾心"的"大侠"，"为幽州刺史，当之职，盛暑，一日诣数百家别，宾客常填门"。其"京师大侠"的名头，即使一般的妇道人家也为之震慑。北朝自北魏以下，君臣皆有好侠任义的，如北周诸帝世好为侠，北齐高翼三代为侠。

魏晋南北朝侠的活跃，与当时州郡大姓和世代豪强的政治作为密切相关。这些人在经济上实力不俗，有足够的资产来赈济周民，收买人心；在政治上则主宰了王朝的权力分配和政策走向。他们作为州郡大户，广占荫户，私植家兵、部曲，收养宾客、死士，这些人中多有轻险亡命之人和豪侠之士。侠者往往受其鼓动并为其所用，于是造成社会上侠风的炽盛。正因为这样，与秦汉时代的侠客相比较，此时侠者在很大程度上丧失了人格的独立性，那种"趋人之急，甚己之私"的名节与大义观念日渐淡化。所以，在后来的正史典册中，我们很少见到侠者的完整事迹，大多只是浮光掠影而已。

尽管自东汉以后侠客基本上丧失了正史中的正统地位，但是他们的活动并不因此而减少；在失去主流话语关注的同时，侠义精神在民间话语中得到了弘扬和传承。从魏晋时期开始，侠客形象更多是出现在野史笔记小说之中，侠客的虚构色彩变得浓厚起来，如晋代干宝《搜神记》中的《李寄》，陶潜

《搜神后记》的《比丘尼》等。

从总体上看，三国两晋南北朝时期，侠的内容更趋多元化，体现出衰世放狂的鲜明特征。当时的侠客在政权更迭频繁、社会变化无从把握、社会心理崇尚权势的特定乱世背景下依然活跃，并且多数侠者的心态和行为体现出较强的功利色彩，以至于有人认为不应该再给侠客立传了。

 知识链接

### 曹操偷劫新媳妇

《世说新语·假谲》中记载了一则曹操少时行侠的故事。说曹操小时候，曾与袁绍交好，好为游侠。有一次他俩见一户人家娶新媳妇，便演出了一出"偷劫新媳妇"的闹剧。他们趁着夜晚新婚夫妇入洞房这个热闹时候，悄悄潜入到主人院中。突然大喊了几声"有贼偷！"洞房中的人信以为真，都跑出来察看。曹操趁机进入洞房，以刀相逼，劫了新妇，与袁绍一同出来。刚走了几步，却迷失了道路，掉到荆棘丛中。袁绍是个大胖子，又怕刺扎，竟然动弹不得。曹操心中发急，灵机一动，又大叫一声道："贼偷在此！"袁绍大惊，猛然跳了出来。两人这才没有被人抓住。这故事在当时也可能只是一个笑话，却把曹操这个既缺德又机敏的人物性格活灵活现地表现出来。

### 盛行期： 隋唐时代的任侠风潮

进入隋代，这个短命的王朝中也产生过不少侠士和具有侠义气质的人物，特别是隋朝的开国功臣中有不少人是侠客。北周入隋的梁士彦自小任侠，因军功屡次获得升迁，后来密谋造反，被人告发而遭处死。元谐"家代贵盛""性豪侠有气调"，少年时与杨坚一同求学，后来成为隋朝开国功臣。虞庆则世代为北方豪杰，胆气过人，在当地侠客中声名赫赫。总之，隋朝开国武将中，出身武侠者很多。隋朝统治者对任侠者中的反叛者进行了严厉镇压，许多武侠因谋反而被杀，但任侠之风在隋亡后依然不衰。

唐代是中国封建社会发展的鼎盛时期，也是侠士空前活跃的时代。不论是在盛唐以前，还是在中晚唐时期，社会上自始至终都弥漫着一股尚侠的风气。任侠者风起云涌，其人数之多是前所未有的。任侠风气在有唐一代弥漫四野，从上层到民间，从繁华都市到穷乡僻壤，侠风历历可见。

隋末政治昏暗，反叛的烽火遍布全国。太原留守李渊乘机起事，并最终荡平各路势力，实现了全国的统一。李氏父子当初打天下时，刻意结交英雄豪杰，只要那人一技可称，一艺可取，便以礼相待，予以重用。特别是李世民，为人有平原、孟尝之风，他折节下士，热衷于养客，群盗大侠没有谁不愿意效死力的，其中著名的侠者有刘弘基、长孙顺德、丘和等人。唐代开国以后的很长一段时间内，多数君主都崇尚武艺、倡导积极的生活方式，为侠客的生存提供了较好的社会环境。

唐王朝建立后，中国进入了历史上的辉煌时代，政治清明，经济繁荣，整个社会充满着昂扬向上的精神。一般来说，侠士大多出现在社会动荡时期，在一个政局比较稳定的时代侠士的活动空间是很有限的。但在大唐王朝近300年的历史上，任侠者风起云涌，社会上普遍弥漫着一股尚武任侠的风气，两汉以后侠风渐衰的局面得以改观，形成中国历史上又一个任侠的高潮。

唐代侠风的形成，有着深厚的政治历史文化背景。唐人是由多民族混血而生成的，大有胡气，充溢着北方民族豪侠刚健的气概。自魏晋以来，北方游牧民族不断向中原地区迁徙，把好勇尚武的社会风习带入了文明礼仪之邦，导致传统的封建秩序相对松弛。剽悍的北方游牧习气使中原民风亦沾染了浓厚的"胡风"，为唐代侠风的盛行奠定了文化基础。就时代精神而言，唐代国力强盛，整个社会充溢着昂扬奋发、蓬勃向上的民族意识，英雄主义的社会思潮空前高涨。一言不合、拔剑而起的游侠尚武精神与此种时代气质相契合，自然成为人们心目中孜孜以求的理想风范。

唐代商贸经济和城市文化得到空前发展，市民文化更加发达，也是当时侠风盛行的重要原因。在唐代，市民阶层及其组织起着贯通上层社会和下层社会的重要作用，促使侠在大众社会中得到了更好的发展机会，一些上流社会和下层社会的人士也加入其中，丰富了唐代民间侠的内涵，扩展了他们的活动空间。多数侠士"轻死重义，结党连群，暗鸣则弯弓，睚眦则挺剑"，保持了先秦游侠的良好风范。

## 知识链接

### 侠士胡论

唐宪宗时的胡证是个膂力过人的民间侠士，当时的名臣裴度有一次微服私访，在酒楼里喝酒时，被一群流氓围困。胡证赶到酒楼，连饮三大杯，吓得流氓大惊失色。然后，胡证把铁灯架横放在膝上，对那些流氓说："我们轮流喝酒，谁不喝干我就用这东西揍他。"接着他再饮数升，将酒杯挨个传给那些恶少，恶少中有没喝干酒的，胡证要用铁灯架打他们，恶少们吓得跪地求饶，被胡证赶出酒楼。

　　唐代后期，藩镇割据，宦官专权，朋党相争，战火纷飞，民不聊生，整个社会陷入了苦难的深渊。在社会陷入混乱不安的时候，人们崇尚气力，渴盼公正，这就为传统的仗剑远游、行侠仗义、轻财重施、闯荡江湖的游侠之风提供了适宜的社会环境。一些刚烈之士应时而出，以正义之剑铲除人间的不平，诞生了大批侠士。另外，各地方藩镇为了保存自我，侵权夺利，实现自己的政治野心，他们蓄养侠士刺客，行刺利益上的敌手，此种风气也有利于任侠潮流的兴起。

　　公元702年，武则天开始推行武举制，许多贵族子弟投身武艺训练，争相任侠。武考的内容有射箭、马枪、负重、骑马等。武举制度的实行也一定程度地促进了尚武任侠风俗的形成。同时，侠士的大量出现与唐人喜尚杂技武术密切相关。在唐代，杂技盛行于民间，不少杂技演员精通武术，在唐传奇武侠小说中多有所见。

　　唐代任侠风气出现了不少新的气象。在以前，行侠者以武士居多，而在

**古代大侠形象**

唐代出现了大规模的文人行侠。这些文士侠士大多追求一种侠的狂放气质，追求不同凡俗的游侠气概。他们虽然也有急人之难、仗义疏财的举动，但是多数是一种对侠的精神的崇尚和膜拜。他们在行为举止上率性而为，无拘无束，张扬自我，恣逞意气，不修小节，不守礼仪，充满着超越世俗羁绊的冲动。如唐代重臣姚崇、张说、李邕等人，尚气节，重然诺，其侠义精神多为世人所称道。诗人李白、陈子昂、孟浩然、王翰、李颀、王之涣等无不有古游侠之遗风。他们或者慷慨悲歌，与人肝胆相照，赴人之难；或者狂放纵酒、飞鹰走马，聚众赌博。陈子昂任侠使气，到了十七八岁还不知书；王翰担任汝州长吏时，每天不理政事，热衷于与豪侠们饮酒打猎，击鼓狂歌，后来因此被贬职。王之涣少年时代便有侠气，和他一起玩乐的大多是长安城里的游侠少年，他们击剑悲歌，架鹰走马，纵情游乐。有的文人之侠甚至胆大妄为，做出有违天理之事。韦应物年少时放荡不羁，藏亡匿死，纵酒胡闹，将劫夺妇女视为任侠，并且得意洋洋，引为自豪。唐代文人行侠成为中国侠士史上引人注目的一道风景线。

### 李白的豪侠之气

在唐代文人中，豪侠之气表现得最明显的当属李白。李白在《与韩荆州书》中有这样的自述，"十五好剑术，遍干诸侯""虽长不满七尺，而心雄万丈"。在诗作《赠从兄襄阳少府皓》中说道："结发未识事，所交尽豪雄""托身白刃里，杀人红尘中"。《上安州裴长史书》更是生动描绘出一个具有侠士风度的李白，"以为士生则桑弧蓬矢，射乎四方，故知士大夫必有四方之志。乃仗剑去国，辞亲远游。南穷苍梧，东涉溟海""曩昔东游维扬，不逾一年，散金三十余万，有落魄公子，悉皆济之""又昔与蜀中友人吴指南同游于楚，指南死于洞庭之上，白禫服恸哭，若丧天伦。炎月伏尸，泣尽而继之以血。行路闻者，悉皆伤心。猛虎前临，坚守不动。遂权殡于湖侧，便之金陵。数年来观，筋肉尚在。白雪泣持刃，躬申洗削。裹骨徒步，负之而趋"。总之，李白一生无不带有浓厚的侠义色彩。唐魏颢《李翰林集序》说李白"少任侠，手刃数人"，唐刘全白《唐左拾遗翰林学士李公新墓碑》说李白"少以侠自任"，《新唐书·文艺传》也说李白"击剑为任侠"，"侠气"构成了李白精神气质的重要组成部分。

唐代传奇小说中也描绘了不少极富传奇色彩的女侠，尽管这些人物大多是艺术上的虚构，但也一定程度地折射了现实生活。她们行侠不让须眉，义烈更赛男儿，构成唐代侠士群体中一个极具特色的组成部分。这些女侠中有忍辱负重、报仇雪恨的谢小娥、崔慎思妾、贾人妻等，有依附藩镇，为主效力的女侠红线、聂隐娘，有武功超凡的刺客精精儿、妙手空空儿等。她们的英武形象成为当时侠士活动的一种新现象。

唐代的任侠者有这样一个规律，即大多为年少行侠，成年后功成名就，便归于正派。在唐代史籍中多有"侠少""侠儿"等称谓，"少任侠"的字样更是常见。唐人崔融在《关锐市议》中说："若乃富商大贾，豪宗恶劣，轻死重气，结党连群，暗鸣则弯弓，睚眦则挺剑。"唐诗中常有"五陵年少"的说法，这类人即指那些斗鸡走狗、吃喝嫖赌的纨绔子弟，其中包括年少行侠之辈。

在唐代，"侠少""侠儿"等又常常和"恶少""亡命少年"等相提并论，这说明豪雄侠少与恶少流氓之间也存在着关联。自秦以来，"恶少"与"武侠"就颇为相同，具有两面性社会特征。事实上，他们可能有时是恶少，有时却为豪侠。当他们是恶少时便成了冒牌的侠士。他们不以行侠仗义为本份，而是纵情玩乐，饮酒赌博，侠义精神在他们身上已经完全异化了。

唐代的少侠在行为方式上往往与社会正道背道而驰，在唐代后期，"侠少"纷纷纹身，以显示自己的个性。唐代恶少通过纹身来夸耀自己的勇武，显示武侠的野性，表现对社会的不满，标志自己的身份，开了后世绿林武侠普遍纹身习俗之先河，反映出唐代的武侠已经具备了近世武侠的某些特征。

唐代崇尚武力的社会风气和开疆拓土的经营，使得侠士有了很好的成长环境。上面讲过，唐人的尚侠精神，源出于盛唐以前统治阶级的尚武。统治阶级的尚武，又与当时的对外经略有关。贞观初年，唐太宗鉴于当时西北地区的突厥人对中原的骚扰侵略，为了进行有效的反击，开始加强武备，训练士卒，并在贞观三年（629年）发兵10余万远征突厥，大获全胜，统一了大漠南北。经过连年用兵，终于完成了统一西域的大业。武则天和唐玄宗也都曾为了国家的安全和边防的稳固在西北边远地区用兵。

长期大规模的对外用兵，维护了国家的安全，也为许多有志之士提供了建功立业的机会。唐代士人的尚侠精神正是在这样一种氛围中孕育而成的。正当大唐王朝如日东升之时，生活于其中的士子文人也大都具有一种昂扬向上的进取精神，甚至有不少书生文人不愿或不屑于走科举之路，而向往到战场上去获取功名。或者，并不为了功名，而只希望施展雄才，然后功成身退。

可以说，唐代统治者的开疆拓土，激发起一些有志之士的政治热情，他们把远征边塞视为求取功名的新途径，汇成了盛唐时期一股向往边塞生活的所谓"平生多志气，箭底觅封侯"（王涯《塞上曲》）的社会思潮，推动了尚武任侠风气的盛行。

对外经略，不免要与胡人接触，唐代侠风受到胡风重要影响的因素不容忽略。长期的民族融合，北方游牧民族的内附，使北方少数民族尚武好勇仗义的风尚深入内地，为游侠传统增添了新的血液。李唐王室本身即为拓跋的后裔，胡人色彩颇浓。唐王朝实行较为开明的文化政策，边境社会、文化交流频繁。长期的民族融合，北方游牧民族尚气重武的侠义风尚深入内地，有利于侠风的生长。有唐一代广泛接受外来文化之影响，从文学艺术到生活趣味、风俗习惯、饮食、服饰、乐舞、婚俗均杂采中西。唐人侠风，正是传统侠风和强悍刚健的胡风相互交融、渗透的产物。

还要注意到，唐代社会经济的高涨和城市文化的发展也为侠创造了较为优越的物质条件。商品经济的兴盛和繁荣为侠风的繁盛提供了活动的温床，造就了适宜侠风滋长的土壤。唐代商品经济和城市文化的发展促使市民文化更加发达，促使侠在大众社会中得到了更好的发展机会，一些上流社会和下层社会的人士也加入到侠的行列，丰富了唐代侠的内涵，扩展了他们的活动空间。

总之，唐代是一个尚侠的朝代，人无分贵贱、文武，争相以任侠为荣。

##  衰败期：　宋元侠风的没落

隋唐以后，大兴科举，尊文弃武的趋势开始形成。至宋代，文人地位上升，武人地位下降，与朝廷积贫积弱相对应，社会尚武的风气日渐式微，侠风衰竭，行侠者数量明显减少。

宋代是一个注重文治的朝代，侠的活动整体上趋于没落。宋朝建国之初，朝廷吸取晚唐五代以来的政治教训，特别是地方藩镇割据势力犯上作乱的前例，给宋代统治者以极大的警醒。北宋开国皇帝赵匡胤本人就是一个任侠使气的豪杰之士，他由从军进而组织兵变登上帝位，深知若武侠横行，于官府统治不利，同时又惧怕其余的武将会重演故伎，于是"杯酒释兵权"，解除了禁军统帅石守信等大将的兵权，尽收天下精兵，集中于京师，以便皇上的直接掌控。在压制军队势力的同时，实行文人治国、治军的政策。抬高科举地位，提高文职人员的待遇，扩大进士名额，规定领兵打仗以文人任方面统帅，枢密使也大多由文人充任。武人地位的下降，带来了社会尚武精神的流失。故有宋一代，兵疲将弱，侠的活动没有以前活跃。

当然，这不是说宋代的侠就完全消失了。与前代侠士比较，宋代侠的活动方式和空间发生了一些新的变化。绿林和秘密社会成为侠士生存的主要环境，宋代的侠文化具有明显的世俗性、民间性、秘密性、集团性的特征。自宋以后的封建王朝，极力强化专制制度，实行政治上和军事上的高压统治，加上吏治腐败，兵饷官俸负担沉重，苛捐杂税名目繁多，弄得民不聊生，逼使大量下层人民铤而走险，亡命江湖。他们聚众结义，啸聚山林，打家劫舍，杀富济贫，成为宋代以后引人注目的盗侠。绿林成为许多侠士赖以栖身的重要场所。

在绿林好汉中不少人颇有侠风，他们啸聚山林、揭竿而起，继承了历代武侠的优秀传统，但又和以前的侠士有所区别。以前的侠士很少结义造反，一般独来独往，喜好个人行动，而这些武侠则重结义，尚群体，多有改朝换代、替天行道的壮举，其意义大大超出了传统行侠的范围。如梁山泊众好汉和方腊等，他们在造反前自身就是侠士，因为不满政治黑暗，为救民于水火之中而举起义旗。这些替天行道、奋起反抗黑暗的专制统治的侠士，将传统的武侠精神升华到了一个新的层面，并与传统的侠义观念结合在一起，产生了宋以后的武侠精神——忠义观。所谓忠义，与儒家的忠义概念内涵不同。"忠"是指对国家、对民族、对朋友忠，"义"是指对人民、对朋友义。但武侠强调对国家、民族的大义，这却又明显地受到了儒家忧国忧民思想的影响。宋代之儒最重礼法，反映在武林中即是门派森严，师徒关系伦理化、等级化严重，武侠也不例外。另外，儒家思想强调道德伦理本位的倾向也形成了武林中坚持"武德重于武艺"的传统伦理观念。

宋太祖

秘密社会是自宋以后侠士活动的重要组织形式。中国的秘密社会成形于宋代、发达于清代。但是，两汉时期已经可以找到秘密社会的雏形。宋代开始，秘密社会多而分散。北宋初年，民间宗教性的秘密结社增多，如"白衣会""没命社""霸王社"等都是当时的秘密结社。河南、山东、陕西、江苏、湖南都有秘密结社，而且许多秘密结社联系广泛，有的还出现了全国性的同一系统内的秘密结社。

在这样的背景下，宋代武侠的世俗化十分鲜明，出自民间的侠士增多，各种侠士与民间的联系空前紧密，宋代的野史和诸多笔记小说中出现了大量民间武侠故事。特别是武林、绿林、秘密社会的形成标志着民间武侠的充分成形，从此确立了武侠文化和武术文化、宗教文化、社团文化等的密切关系，这种关系一直持续到明清时代乃至近代中国，为武侠文化寻找到了有力而持久的社会附着力。

但由于专制统治的加强，宋代侠士其实在社会生活中日趋边缘化，在性格特征上已经失却了野性，而是更多地适从社会规范。宋仁宗时的市井侠士孙立的事迹就很有代表性。他的好友王实一的母亲遭人欺辱，为了替好友洗刷耻辱，他找到里巷恶霸张本，欲与之进行殊死搏斗。事先约定负者受死。张本不敌孙立，以千金请求孙立饶命，孙立喝斥张本："将为子壮勇之士，何多言惜命如此，乃妄人耳。"张本觉得屈辱而自杀，孙立"立断其颈，破脑取其心，以祭实父墓"，然后他自己到官府投案自首。梁山英雄最后随同宋江一起接受朝廷招安就是最鲜明的例证。

宋代侠士的另一大特点是喜好结义造反，与官府作对。最为典型的就是梁山泊众位英雄好汉，他们结义造反，行侠仗义，扯起"替天行道"的大旗，将矛头直指官府，把行侠仗义、打抱不平的武侠精神提高到"为民伸冤除害""为众百姓造福"的境界。

就宋代侠士的类型而言，值得注意的主要有三类：盗侠、抗敌卫国之侠与勇于除恶之侠。宋侠中有相当数量的盗侠，即进入绿林的豪侠。最具代表性的人物当数宋江。据元陈泰《所安遗集补遗·江南曲序》说："宋（江）为人，勇悍狂侠。"他进入绿林后势不可挡。《宋史·侯蒙传》载："江以三十六人横行齐魏，官军数万无敢抗者。"宋代的侠走向绿林是社会黑暗、民众受压迫所造成的。在政治强势的压力面前，一些刚烈之士奋起抗争，行侠仗义。在他们举事之后往往不为正常的社会秩序所容忍，被迫结伙走向江湖与绿林，以求

天杀星黑旋风李逵

《水浒传》插图——李逵

自保。宋代还出现了所谓的抗敌卫国之侠。有宋一代，边境扰攘不断，经常遭受异族的侵犯。边民中一些义士奋起抗敌，成为保境安民的民间豪侠。据《续资治通鉴》十三卷的记载，宋雍熙年间，辽国军队经常侵入河北山西一带，宋师北伐时，边民当中那些骁勇的人，竞相团结御敌，甚至有人夜里潜入敌人的城池，斩杀敌人的首级归来。有的侠士为抗击侵略付出了生命的代价。南宋时，金兵侵犯扬州，兵至泰州城下，县令王燧招募人守城，泰兴的侠士孙益主动应征，率众抗敌，激战前高喊："县令招募我前来，是要我坚守城池的。现在，贼人已兵临城下，我们这些人不以死抗敌，还有什么面目见县君呢？"激战之时，孙益英勇杀敌，最后战死。

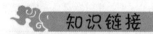

知识链接

## 武松除恶

宋代有为数不少的除恶之侠。他们中有的为民除害而不惜牺牲自己的生命。《临安县志》《西湖大观》《杭州府志》《浙江通志》等史籍记载了北宋时杭州知府中的提辖武松勇于为民除恶的壮举。史载：武松原系浪迹江湖卖艺的人，长相奇伟，曾经在涌金门外献艺，并不是盗侠。杭州知府高权见武松武艺超群，人才出众，于是邀请他进入府里，充当都头。后来又被提升为提辖。高权因得罪权贵被罢官后，武松也因此受到牵连，被赶出官衙。继任的新知府是太师蔡京的儿子蔡鋆，是个大奸臣。他依仗父亲的权势来祸害百姓，地方上怨声四起。武松对这个奸臣恨之入骨，决心为民除害。一天，武松深藏利刃，隐匿在蔡府附近，等到蔡鋆前呼后拥而来的时候，武松冲向前去，猛刺蔡鋆，当场结果了他的性命。官兵蜂拥而上，围住了武松，最终寡不敌众为官兵捕获，遭重刑后惨死狱中。

元代虽然是异族统治的时代，但对侠的压制并没有所松动，因此元代侠的数量不多。据《元史》记载，仗义行侠之辈有张柔、史天倪、严实、刘伯林、王著等辈，其中尤以王著的事迹为人称颂。当时奸臣阿合马横征暴敛、贪赃枉法、残害忠良，人神共怒。至元十九年三月，王著假传太子命令，将阿合马从府中诱出，用藏在袖中的铜锤砸碎其脑袋，为社稷除了一大害。此外，市井之间也不乏豪猾轻侠之徒。《元史·张桢传》载，张桢任高邮县尹时，该县有一名叫张提领的人，任侠尚气，武断乡曲。一天，他来到县府的时候，被张桢抓了起来，尽数其罪状，乡里受其迫害的人都来诉冤。最后此人受杖刑后流放外地，百姓拍手称快。

### 升华期：　明清时期侠士的绝唱

明清两代，是中国专制统治最为严厉的时代，对政治思想控制之严前所未有。此时的侠作为个人虽然依旧存在，有时还相当活跃；但作为一个社会群体，已经失去了秦汉时代的隆盛地位，在政治生活中已没有多大影响。但与元代比较，明清侠风有复苏的迹象，并且与时代的政治风云紧密相关。在元末农民起义中，游侠活动甚至还颇为频繁，郭子兴、张士诚、陈友谅等人即为任侠尚武之辈。

明清两代，是中国封建社会专制统治最严厉最坚决的时代。鉴于历代历朝政权更迭的教训，统治者大多注重裁抑豪强以巩固皇权。如明太祖即位时，马上改革中央到地方的政权机构，废去施行了一千多年的丞相制度和七百多年的中书、门下、尚书三省制，分其权于六部，使之直属于皇帝。又以兵部和五军都督府分掌兵事，刑部、大理寺、都察院分典刑狱，使之互相牵制，由此揽军政兵刑大权于一身。在地方则设布政、按察、都指挥使三司，在都察院下设监察御史，出则为巡按御史，上可弹劾官员，下以监察民情。又设通政司处理诉讼，平息纷争。为了强化国家武装力量，还创设卫所制度，遍布国中。同时颁布《大明律》，明文规定国家有权逮捕逃户，凡民有谋反大逆，必凌迟处死；有妖言惑众，必治死罪。劫囚者也要斩首，这是此前历代法律所没有的。明政府还通过人口普查，造策备案，每年审定，设置里甲制、关津制等办法，加强对人的控制。同时防止豪强隐匿土地、户口，对一些地区的豪强，迫其迁徙乃至抄杀。此外，还有锦衣卫之设。至明成祖继位，削减各藩王的势力，同时设立内阁制，六部以下皆无所统属，机要之任悉归内阁，而内阁则只作为皇帝顾问而存在。

清代中央机构基本沿用明代旧制，但在内阁外，别设国议，即由满族王公贵族组成的议政王大臣会议，其权力在内阁六部之上。同时在宫内设南书房，负责拟进谕旨。雍正时，又设军机处，作为处理全国军政大事的常设机构，直接对皇帝负责。这样，国议的权力削弱，皇帝的权力得到了加强。清政府还吸取明代太监专政的教训，裁撤了宦官二十四衙门，大臣所立奏章皆不再委诸宦官，而改由皇帝亲审。在地方，增设总督或巡抚，直接听命于皇帝。八旗军及绿营则到处驻防，监督地方保甲法的施行。清政府颁布的《大清律》集历代刑法之大成，其中对一切有碍专制集权的行为，都有明确严厉的惩罚措施。犯谋反等罪当施极刑自不待言，即如集会、聚众、罢市、喧闹公堂等，也属违禁之列。所以在清前期，即使有阶级矛盾、民族矛盾，也只在小范围，以较小的规模出现。嘉庆以后，随着统治阶层的腐化和土地兼并的加剧，遂不断有民众暴动，这种暴动许多是通过秘密结社的方式发动的，并且遭到清政府的严厉打击，最终归于消亡。

与加强专制统治相联系，明清两代的统治者还十分注重对儒家礼义的强调，藉此宣扬忠君思想和三纲五常等伦理道德规范。可以说，与在政权建设上贯彻专制皇权，使之达到封建社会的顶峰相一致，这一时期统治者对思想的钳制，也达到了史无前例的程度。

基于上述政治情势，侠士作为个人虽始终存在，有时还颇为活跃。但作为一种社会群体，不再享有秦汉时的隆盛地位，甚至也没有隋唐五代的赫赫

明代锦衣卫

声势。具体而言，在元末农民大起义过程中，游侠活动是颇为活跃的。据《明史》载，郭子兴、张士诚、陈友谅等人，都任侠喜宾客，喜游侠，乡里的人都敬畏他们。他们手下，即多游侠与士。以后如明正统年间，江西人邓茂七为众豪侠推举，聚众起事，自号"铲平王"，接连攻下福建二十几个州

县，设官建政，声威大振。清末的石达开素来敬慕游侠，门下食客繁多，大多是两粤无赖儿，每天只是与健儿数十人驰马骑射，击剑舞枪为乐，不久与这些人赴金田参加太平军，也是游侠直接参与并领导农民起义的典型。

明清两代，也有不少游侠挺身而出，为国家民族尽匹夫之责的。如嘉靖年间力敌倭寇、负伤堕马而死的慈溪人杜槐，率兵讨倭、因援兵不到被害的福建谢介夫。他们为保卫大明边防，是做出自己贡献的，其事应该可与唐代的边地游侠同列。明清换代之际，为了抵抗清兵的侵犯，也有不少侠士付出了生命的代价。忠贞报国的侠风一直延续至晚清。自鸦片战争至辛亥革命，任侠之风高涨。面对内忧外患，一大批仁人志士，为反满、为救亡、为民主而前赴后继，英勇献身，侠肝义胆之士将行侠仗义与民族命运紧紧连在一起，为中国的侠客史添上了最辉煌的一笔。

明清大部分侠士逐渐远离社会中心，作为一种"非正式群体"成员，甚至日渐丧失人格上的独立性和道德自律意识，虽不时仍有仗义疏财、扶危持颠的豪举，但更多的则投入到行险犯禁擅作威福的行列中。一些侠者并投身为豪强权贵的门客或家奴，练习弓马，喜好斗杀，依仗主家势力，横行乡里，欺压族党，甚至欺灭词讼，凭凌儒绅，成为危害地方的罪魁祸首。

清代侠的情况大抵与明相似。他们没有了战国秦汉甚或唐五代时游侠置身于社会中心的显赫地位，在一般平民百姓的眼里，可能依然是英雄，是救世主，但就总体而言，非但不再是统治集团依靠的力量，相反却成为这一集团不能容忍的对象。故大多沉浮于民间，分布在社会各个角落，依靠所操的各种职业为生。当然，不务正业的也大有人在。

此外，在清代，抗暴复仇之侠和施财济困之侠在民间依然一定程度地活跃着。侠士们在亲人和善良的人们受到欺凌之后，往往奋起还击，以暴抗暴。

时至晚清，任侠之风又开始高涨，无论城市与乡村，任侠之士纷纷涌现。并且再一次将侠士推向了社会政治的风口浪尖之中。自清乾隆以后，清廷的政治日趋腐败，封建势力处于下行道之中，社会内部矛盾非常尖锐。同时，保守的封建帝国面临着新生帝国主义的严重威胁，中华民族处于亡国灭种的危机关头。这些内忧外患促使了千万义勇侠士的产生，他们抵御外侮，反抗暴政，救亡图存，谱写了一曲曲感天动地的侠气壮歌。

晚清的侠士有多种类型，其中有抗击帝国主义入侵的抗击外寇之侠；有由于官府迫害铤而走险、反抗社会而杀富济贫的盗侠；有将谋生与行侠相合为一的镖师之侠；还有从事维新、革命活动的维新革命党之侠，形成侠潮汹涌的壮观局面。

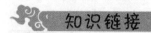 知识链接

## 大侠江天一

　　明末清初，清兵在广大江南地区点燃战火，在空前激烈的民族矛盾面前，侠客挺身而出，积极反抗清兵的暴行，出现了抗暴复仇之侠，江天一便是其中一个典型。清代著名文学家汪琬曾满怀崇敬之心写下《江天一传》，记叙江天一的侠义壮举。江天一，字文石，徽州歙县人，他虽是文人出身，却深刻沉着，足智多谋，好侠重义。当时徽州一带盗匪很多，江天一辅助同郡佥事，组织乡里的年轻人防卫家乡。适逢张献忠攻破武昌，总兵左良玉溃兵叛乱，江天一率众与叛兵激战，杀敌逾半，徽州城得以平安。清顺治二年夏五月，江南已被清兵攻破，明政府委任江天一为监纪推官，镇守绩溪重镇。经过多次激战，绩溪城沦陷。清军的主将悬赏捉拿江天一。江天一知道抗清之事已没有希望，就立即回家，把母亲托付给弟弟，出门大叫："我就是江天一！"于是被逮捕。清军中有知道江天一的，想释放他。江天一说："你以为我怕死吗？我不死，灾祸将是全家被杀！"到了南京，总督洪承畴想不问罪，江天一昂首说："我为你考虑，还是把我杀了的好；我不死，必定再要起兵！"临刑前江天一高呼"高皇帝"三遍，向南面再拜，从容受戮。江天一的侠义壮举可谓惊天地、泣鬼神，为传统的侠义精神增添了新的时代内容。

# 第二章

# 剑胆琴心——古代侠士的侠义精神与品质

　　古时候的侠士,他们的行为可能有悖于封建伦理,但他们言必信,行必果,坚守自己的承诺,不为金钱所动,甚至不惜自己的性命,以解救他人的困厄。既然侠士们已经将生死存亡置之度外了,并且他们从不夸耀自己的能耐,羞耻于道德的沦丧,那么,侠士的行径受人赞赏和推崇也就无可厚非了。

# 第一节
# 侠义崇拜与江湖绿林

中国历史上的侠士都是很有震撼力的人物。他们行侠仗义，敢为人所不敢为，受到社会上无数人的敬重崇仰，成为当世和后世人们永久敬仰和崇拜的对象。人们对"侠"的向往与崇拜构成了一种民族的文化心理和文化精神。

 ## 侠义崇拜： 纵死犹闻侠骨香

从先秦时代出现侠开始，就出现了侠义崇拜的现象。随着社会的发展，虽然侠的社会地位不断低落，而人们对侠义的崇拜却有增无减，千古不衰。当今社会，侠已经从历史舞台上消失了，但崇侠的风尚、侠义心理仍在延续。千百年来有无数人对侠的非凡人格、刚烈气质、高尚的自我牺牲精神、惊天动地的业绩怀有深深的仰慕之情，用种种方式来表达对侠的敬仰崇拜。

根据学者郑春元在《侠士史》中的介绍，侠义崇拜的人群可分为三类：下层民众、部分文人、部分官吏。其中下层民众是侠义崇拜的主体。

### 1. 下层民众崇拜

下层百姓对侠普遍有好感、敬佩感，对侠有崇仰敬慕的心理，他们对侠义之士的扶危济困或路见不平、拔刀相助的行为无比赞赏和钦佩，民间广为传扬着侠士的故事。如明代大侠汪十四多次帮助商人对抗窃盗，救人于厄。死后，他的同乡赞许他的生平壮举和高尚的节操，建立庙宇来祭祀他，称作"汪十四相公庙"。每年春秋两季还举行歌舞盛会，来告慰他的神灵，杀牲祭祀，历久不衰。当民间侠士出现，百姓都争相一睹侠士的风采，无比仰慕其侠义行为。

 **2.　文人崇拜**

　　文人崇拜侠，也是中国社会的一种特有的文化现象。有许多文人在行动上仿效侠的行为，尚武任侠。更多的文人是通过文字来表现对侠的敬仰，热情歌颂侠义行为，高度评价侠的社会作用，在社会中呼唤侠的精神。如司马迁将侠义写进史书，记录了自春秋战国以来众多侠士行侠仗义、急人危难的事迹，热情地歌颂了他们的英雄壮举和高尚品格，使他们的侠义精神永垂青史。后世的文人如魏晋南北朝的曹植、张华、陶潜，唐代的王昌龄、王维、李白、高适、杜甫等都写诗著文来对侠进行咏唱、赞颂。明清以后出现了更多的文人侠崇拜者，此时文人们的侠义崇拜表现出更多的理性色彩，他们对侠寄予了极高的希望，并对其社会作用做了极高的评价。文人对侠的崇拜，使侠义事迹更广泛地在社会上流传，为侠文化的发展和传播做出了巨大的贡献。

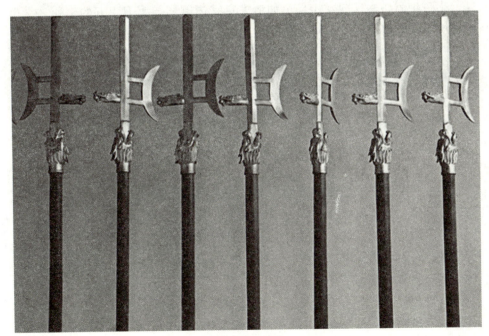

古代兵器——戟

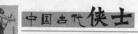
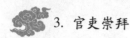

### 3. 官吏崇拜

在封建社会中，还有一部分官员是侠的崇拜者。无论是上层官员还是下层官员都有崇拜侠士的。上层官员敬重闻名天下的大侠，并与之结交。如西汉初年的汝阴侯滕公，赞赏侠士朱家的所作所为，在朱家来到洛阳时，他留朱家饮宴数日。朱家曾藏匿并营救季布，滕公为此到刘邦那里说情，请求刘邦赦免季布。汉武帝时，游侠郭解被迫迁徙到茂陵，大将军卫青在汉武帝面前为郭解说情。封建社会中也有很多下层官员对侠士极度崇拜。当侠士因复仇或其他原因触犯法律、身陷牢狱将受到法律制裁时，他们尽力采取措施来保护侠士，甚至甘愿丢官弃爵，以使侠士逃脱惩罚。东汉侠女赵娥亲在杀死杀父仇人之后，主动到县衙投案，再三表示自己心愿已了，甘心受斩首之刑以伏法。可是当地县官汉阳人尹亮，被赵娥亲的侠义行为所感动，不忍心将她治罪，当即解下印绶，辞去官职，放赵娥亲逃走。接着守尉再三劝说赵娥亲自己躲起来，迟迟不将她关押入狱。在屡次劝说赵娥亲无效后，竟不顾国法，强行把赵娥亲送回家中。再如清末京官谭嗣同与大刀王五的生死之交也被传为美谈。可见，官员对"侠"的崇拜程度并不亚于一般民众。

##  侠义崇拜产生的原因

为什么人们崇拜"侠"呢？综合分析，主要有以下几个方面的原因。

### 1. 救人危难，寄予厚望

侠士致力于救人急难的高尚行为，是人们对侠崇拜的重要原因。在古代农业社会中，处于阶级压迫、专制统治下的下层老百姓孤弱无依，往往遭遇到很多困难。比如，他们有时会受到官府的威逼，有时会受到土豪恶霸的欺侮侵夺，有时会遭受饥荒灾难。一旦灾难来临，常常是家破人亡，流离失所。他们遇到急难之事时，亲朋无力救助，路人冷眼旁观，求助官府，也讨不到公道。封建官府非但不能保善扶弱，反而常常助纣为虐。在这种情况下，只有侠能挺身而出，见恶人欺压良善，即奋起拔刀相助；见到贫困失去生路者，遂慷慨解囊相助；见到流亡落难者，便将其藏匿保护；见到有冤仇难雪者，即援手为之复仇。世间只有"侠"能够全力急人之难，济人之困。因此，人们把"侠"视为救星，对侠寄予最大的希望。

### 2. 慕名而交，众星捧月

人们仰慕侠士的名望，产生崇拜行动，千方百计与侠结交。如西汉时期，人们对远近闻名的侠士郭解十分崇拜，当他被迁徙到茂陵时，地方士大夫、贤豪集资送行。郭解到了关中，京师地区的贤良士大夫争先恐后地结交郭解。郭解足迹所至，都有很多崇拜者与之结交。再如汉代大侠朱家，崇拜者众多，"自关以东，莫不延颈愿交焉"。广大崇拜者急切盼望能与侠士结交，迫切之心如同大旱盼甘霖。

### 3. 高尚品格的力量感召

侠具有超脱世俗的高尚品质，重信守诺，舍己助人，重义轻利，引起社会民众的崇拜敬仰。他们助人为乐，决不贪图个人私利。在以利为本、各有所私的世俗社会中，"侠"居然能放弃个人得失，不计个人安危，自然能激发人们的敬仰之情。人们崇拜侠不仅是出自希望得到侠的帮助这一功利性的考虑，更多的是出自对侠义品质的景仰。

### 4. 社会舆论与风气的熏染

人们对"侠"的崇拜还受到社会舆论和社会风气的影响。某些地区、某一时期的社会形成了一种景仰侠义和侠士的社会共识，人们尚侠、崇侠的风气也会越加浓厚，如西汉时侠风盛行，人们的侠崇拜心理较为强烈，整个社会都弥漫着这种崇拜心理。侠士郭解多有侠义之举，引起了天下人的共同仰慕，"天下无贤与不肖，知与不知，皆慕其声，言侠者皆引以为名"。这种尊崇仰慕侠士的风气对当时和后世产生了重要的影响。到了近代，侠风复振，人们对侠的崇拜也日益强烈。许多仁人志士如谭嗣同、秋瑾等非常仰慕古代大侠的作为，积极投身到救国救民的潮流之中，成为为民请命的一代大侠。

当然，还有一种消极的侠崇拜心理，就是有些人没有勇气行侠，没有勇气反抗邪恶，不想去舍己助人，而希望别人去行侠，希望侠来拯救自己、主持公道，解除人间苦难，自己坐享其成。这种侠崇拜，是弱者心理的表现。

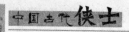
## 侠义崇拜的历史作用

在传统农业社会中，由于人们的生命缺乏保障，容易受到伤害，故往往寄希望于救星。人们对"侠"的崇拜，实际上是对侠的扶危济困、除暴安良的高尚行为的敬仰，是一种英雄崇拜，是真正心悦诚服地崇拜。侠生活在民间，替百姓排难解困，人们对"侠"有一种亲切感、崇敬感。侠崇拜者与崇拜对象之间没有不可超越的距离。许多崇拜侠的人常常以侠自许，仿佛认为某一天自己也会成了侠士。

 **1. 促进了侠义之风的盛行**

客观来说，人们对侠的崇拜，对侠风滋生、侠文化的发展和中国传统文化的演变都起过积极作用。

人们对侠的崇拜不断滋长，形成尚侠之风，促使许多勇者志士和血性之人成为侠士。在民间文学及不少传说中，人们将侠士作为民间英雄加以尊崇，在社会上形成以任侠为荣的风气。这种氛围，势必激励无数有正义感的人走上任侠之路。还要看到，在这种氛围的熏染下，有许多人因为崇拜侠而为侠效力，助侠成功，自己也成为侠士队伍中的一员。如汉代大侠郭解的崇拜者就帮助郭解供养、藏匿流亡落难的朋友；有一位素昧平生的临晋大侠籍少公，十分敬仰郭解的为人，为使郭解免于追捕而自杀绝门。近代义士谭嗣同、秋瑾和邹容身故之后，都有侠义心肠之人为他们安顿后事，收殓尸骨，妥为安葬。人们在赞扬义士的同时，都免不了要提到这些侠义心肠之人。

不仅许多人崇拜侠士，争先恐后地替侠士效命，而且还有许多人更喜欢借侠士之名行侠，从而增强了侠士的声望。如西汉景帝时大侠剧孟，威高势重，天下众多崇拜他的武士侠士因其侠名远播，都惟他马首是瞻，剧孟一声令下，可形成众志成城之势。后来，吴楚七国起兵叛乱，周亚夫领兵平叛，得到剧孟，非常高兴地说："吴楚举大事而不求孟，吾知其无能为已矣！"由此可见，剧孟是一面旗帜，对于战争的胜负有着重要影响。

 **2. 对传统美德的形成有促进作用**

人们对"侠"的崇拜，有利于中华民族传统美德的形成和发展。

人们崇拜侠，颂扬侠的行为事迹和侠的伦理观念，使侠义思想广泛流传，也使得侠义思想和侠伦理文化的主要内容深入到人们的思想深处。侠义伦理观念在社会上广泛传播，为社会正义的构成增添了新的成分。侠士们所奉行的见义勇为、疾恶如仇、助人为乐、扶危济困、信守诺言、重义轻利、知恩图报、施恩不图报恩等侠义品质深入人心，成为整个社会的价值、行为规范的一部分。人们在处理和规范人际关系时，总是推重侠义的许多准则。

　　但不可否认，历史上人们对"侠"的崇拜也存在一些消极作用。

　　有时候，人们对"侠"的崇拜容易走向极端。一般来说，侠崇拜者在行动上极力维护"侠"的声誉，不容许别人说半个"不"字，如西汉时轵县的一个儒生，只因说了句"郭解专以奸犯公法，何谓贤？"就引起了郭解崇拜者的愤怒和仇视，不久，这位儒生就被郭解的崇拜者杀害，并被割去了舌头。

　　有时候，人们对"侠"的崇拜还具有一种盲目性，他们会错误地肯定侠的负面行为。在唐代咏侠诗中，有很多内容是歌颂和赞美侠士随意杀人的行为的，如元稹《侠士行》中的"白日堂堂杀袁盎，九衢草草人面青"，赞美了游侠刺杀袁盎的行为。其实袁盎是西汉景帝时能为国分忧的贤臣，也是一个正直的侠士。元稹赞美刺杀袁盎显然是荒谬的，这等于赞美以邪害正。孟郊在《游侠行》中有"杀人不回头，轻生如暂别"的句子。崔颢在《古游侠呈军中诸将》中则说："杀人辽水上，走马渔阳归。"这种侠崇拜，盲目地赞美"侠"的意气用事、恃强擅杀的负面行为，就不免助长一些人借侠之名，妄行杀戮、横行无忌。这些行为不仅称不上侠义，更是真正的侠士所要制止的不义行为。

## 千古侠义英雄梦

　　侠士的毕生追求，就在于气势磅礴、侠气纵横地往来于天地之间。在侠士独特的人生体悟及成长过程中，他们的英雄之梦和英雄理想，是我们理解侠士的英雄历程的一个重要提示。

　　崇尚远古的强悍的民族精神的侠义传统，对中国人的心理影响是根深蒂固的。无论古代还是现在，侠义精神、侠义传统历来都是以强悍体魄、义烈品格的尚武形象渗入到我们心灵深处的。对于英雄豪杰的崇拜与渴望，时刻激动着我们越来越脆弱的感情。那些达到人生、武学、侠义至高境界的超凡

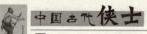
的英雄好汉，总是能让我们实现对于现实的超越，获取心理上的平衡与精神上的升华。英雄崇拜，是中国社会特有的文化心态，既是对上古以来尚武精神的心理积淀，也是对侠义精神的永久认同。

侠的发展有两条路：一是历史之侠，一是文化之侠。

侠在历史上有过豪杰逞强的黄金岁月。他们本来就是一群才华横溢、雄视天下的人。他们当食客、门客、刺客甚至江洋大盗的目的，就是要当人杰、当豪杰、当豪侠、当豪强。他们的行为更多地具备现实性的品格，也会有些许人情味在里边。他们可以横行乡里、雄霸一方，也会仗义疏财、救人急难。他们舞刀弄枪，血气方刚，在现实中追求的是做一个时代的强者。

武侠文化在创造英雄的时候，首先是以英雄成长过程中的执着追求，来体现侠者人生态度的最高境界的。同时，侠的英雄之路是在江湖中历练、在磨难中成长起来的。因而，也就更加独具侠者的个性光彩。

对于文化之侠，更多的表现是人们心理上的认同。比如，汉唐诗歌把少年游侠杀人报恩写得神采飞扬，而唐宋传奇中的好汉豪杰，又兼有一身卓绝武功。我们可以把自己描绘成一个武林高手，尽情品味英雄的滋味。现实中我们达不到的，我们尽可以在这样的理想中得到。

侠者英雄都是血性汉子，生死之际的豁达和豪迈，是他们最引人入胜的人格特征之一。可以说，人格是侠义精神的一个前提，他们具有舍我其谁的英雄气概。中国传统文化中的大侠所走过的道路，已经具备了儒家文化的入世品格。在他们表面轻生死的背后，其实蕴含着对生命的充分肯定和无限热爱，只不过他们要最大限度地来实现生命的价值。

侠者的这种"天降大任"的胸怀，一如既往的行侠过程，凝铸着武侠文化中英雄的理想追求。这种一往无前的勇气、义无反顾的执着、永远的战斗精神，是武侠侠义的一种境界，更是侠者英雄的人格精神的勃发。

## 恶侠： 侠的负面行为与影响

一般而言，人们对侠都是肯定的，侠士和侠义行为是受到褒扬的。侠士们行侠仗义，满足平民百姓弱势群体渴望正义、呼唤公平的生活需求和精神需求，惩处为非作歹之徒欺压良善之辈，替百姓申冤出气。

但我们一定要看到这一社会现象的复杂性，侠具有两面性：既有积极的一面，即救人困厄、行侠仗义；也有要加以批判的一面，就是率性而为、破坏社会秩序甚或良莠不分。侠的这种负面行为，是一种对侠义精神扭曲变形甚至背离的行为。应该承认，有相当多的侠士身上有负面行为。这类"侠"是亦正亦邪、善恶交加的特殊的侠，身上既有利人的善性，又有害人的恶性。当然，并非所有的"侠"都有这种两面性，有些品质高尚的侠就没有负面行为——虽然他们可能违反法律，破坏社会秩序，但面对恶法乱世，其行为恰恰更显示出正义性。

侠的负面行为极大地损害了侠在人们心目中的形象和声誉，也给社会造成了很大的危害。具体而言，侠的负面行为主要有以下表现。

 **1. 侠倚势骄横，恃强凌弱**

有些所谓侠士偏执自傲，以自我为中心，不能容忍他人任何有意无意的冒犯，一触即发，视人命如草芥，肆意杀戮，这实际上违背了侠义精神和原则。如战国时期的孟尝君，虽行侠仗义，以侠闻名，但他性格暴戾，常以暴立威。据史料记载，有一次，他带随从路过赵国，赵国百姓闻其大名，皆前来观看。有人见孟尝君其貌不扬，不免有些失望，甚至发出讥讽之言。孟尝君听后大怒，竟让随从大开杀戒，斩杀观众数百人，后来索性将一县人都杀光了。《水浒传》写宋江三打祝家庄时，黑旋风李逵、母大虫顾大嫂等人也是不分青红皂白，滥杀无辜。

明永乐年间苏州侠士戴俊称霸心理强烈，竟做出了杀害自己授业恩师之事。他曾游四川某山寺，被一有高超武功的老僧收为徒弟，尽得高僧武功之秘传。后来，他想到天下只有这位师父的武功超过自己，于是心生恶念，乘老僧不注意时，将老僧杀死。此人为称霸武林，恩将仇报，竟杀死业师，不仅残忍，且属不义。

 **2. 侠士爱财，取之无道**

很多侠士广纳宾客，广交朋友，在其友朋有急难时，侠士总是尽其所能加以帮助。侠要济人以钱财，是需要相当经济实力的。然而，很多侠士自己不从事生产经营，没有经济实力，只有依靠抢夺、偷窃，甚至杀人越货，用违法手段获取钱财。在这方面，汉代大侠郭解就是一个很好的例子。郭解少

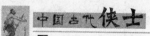

**水浒群英**

时曾用武力强抢他人钱财，与人合伙，私自铸钱，掺杂使假，牟取暴利。不仅如此，他还挖人坟墓，盗取死人钱财。他正是通过这些非法无德的手段，积累了大量钱财。据史料记载，汉代许多侠士都曾像郭解那样，为了得到钱财就抢劫、杀人、掘坟、铸币、贩私等等，诸种恶行，无所不为，甚至不惜搭上性命。唐代大侠郭元振即是通过贩卖人口获取不义之财的。他在四川通泉县做县尉时，养了不少宾客，花费极大，为了获取钱财，他就纠人结伙，绑架县中百姓贩卖，前后竟然卖了一千多人。江湖上人贩子毁人家庭，人们对这些人极其鄙视。郭元振之流以暴力贩人获利，虽借侠名，实为不义。

 **3. 复仇无度，恃强滥杀**

　　报仇是人类的天性，所谓杀人偿命，一般情况下，复仇仅应针对施仇者本身。但是到了某些侠的手中，报仇就带上了恶棍逞凶、流氓滥杀的色彩。《晋书·索靖传》记载，索"尝报兄仇，手杀三十七人，时人壮之"。《宋书·自序》记载，林子兄弟将仇家"男女无长幼悉屠之"。

汉代侠士原涉复仇时也是滥杀无辜，将复仇扩大化。他与新丰富家祁太伯为友，但太伯的同母弟弟王游公一向嫉恨原涉。当时王游公在县衙为胥吏，为人阴私，在茂陵代县令尹公面前说原涉：好养刺客，杀人无数；为父造墓，奢侈逾制，言其罪行昭彰，一定不为朝廷所容。他建议尹公派人将原涉父亲的坟墓捣毁，并将此事上奏皇上，如此准保能升为正式县令，尹公依计而行，果然如愿以偿。原涉获知情由，大为震怒，当即派长子原初带一帮门客驾车二十乘，洗劫了王游公家，杀死王游公及其父亲，割下两人头颅，扬长而去。后来，原涉得知尹公做了刘玄手下西屏将军申屠建的主簿，便寻找机会，派刺客把尹公也杀死了。原涉为父坟被毁一事连杀三人，不免过分。

 **4. 行为野蛮,有悖人性**

侠士大多疾恶如仇，一遇不平之事，立即怒火万丈，对作恶之人给予最严厉的惩治，以平胸中之愤，有时手段过于野蛮残忍。就像《水浒传》中的武松血溅鸳鸯楼，宋江捉到黄文炳生炙其肉并以肉佐酒之事，便带有残忍嗜杀的恐怖色彩。

还有一些侠士情绪偏激，行为偏执，常走极端，往往会造成对无辜者的伤害。例如，春秋时期，吴国的侠士要离为帮助吴王刺杀庆忌，自己主动献计害死了妻子儿女。之前，他被吴王召见，得到吴王的赏识，遂主动提出为吴王杀其仇人庆忌。吴王担心庆忌勇武异常，要离无法得手。要离便提出以苦肉计来接近庆忌。他向吴王建议，让吴王砍断自己的右臂，并杀掉自己的妻子儿女，自己假装负罪出逃。吴王依计行事，结果要离被断臂后出逃，妻子儿女被吴王抓去，在闹市被杀死，他们的尸体还被焚烧示众。要离以这一"深仇大恨"取得了庆忌的信任。在刺死庆忌后要离自己良心发现，感到自己的行为丧失人性。庆忌的侍从遵从庆忌死前的命令，将要离释放。要离自责不已，他认为：把妻儿杀掉以奉君王，是不仁；为了新君而杀故君的儿子，是不义；想要实现他人意愿而弄得残身灭家，这是不智。人有三恶存于世间，自己还有何面目见天下贤士？说完投入江中自尽，庆忌的侍从将他捞上来，他仍觉得无颜再活下去，便夺过侍从的佩剑，先砍断自己的双足，又割断颈项，自杀而死。要离为给吴王效命，为使行刺成功，不择手段，其行径灭绝人性。

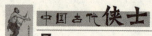
总体而言，侠的负面行为主要有极端野蛮、毫无理性、嗜血好杀、对社会秩序加以盲目破坏等。他们用强力来抢财、杀人；复仇时常常行为过当，滥杀无辜；行事野蛮，常做出一些有悖人性的事情。这些都是要予以批判的。

## 知识链接

### 屠夫杨成

《清稗类钞·义侠类·杨大头使酒任侠》记载了清代亳州一些侠士的行径。亳州某村屠夫杨成"尚气力，使酒任侠，横于亳"。他受众人的拥戴为首领，抗击乱兵，保卫家乡。当时，有一逃难的老婆婆受到不孝顺的儿子儿媳欺凌。老婆婆的儿子不孝，专听媳妇之言，逃难时背着媳妇走，却把母亲丢弃在道路之上，不管其死活，无论老母怎样呼唤儿子，这个不孝子都不理睬。不孝子的邻居可怜老婆婆，一路照顾老婆婆找到不孝子，才使她免于一死。但是过了几天，不孝子又将母亲赶走，并且迁怒于其邻居。邻居找到杨成，杨成召见不孝子，命人升起炉火，在壶中温酒以待。不孝子被带到杨成等众人面前，杨成不发一言，亲自用刀割下不孝子身上的一块肉，在火上烤熟，边喝酒，边大嚼，帐下百余人同时举刀，顷刻间将不孝子身上的肉割光，露出白骨架。杨成又将不孝子之媳捉来，杖打一百下，强令其嫁给一个养马的人。然后杨成命人送粮食给不孝子的母亲，并供养她。杨成等众侠激于义愤，惩治多次遗弃赶走母亲的不孝子，是正义的行为，加以一定惩处并不为过，但用刀把人活剐，大嚼其肉，并迫害其妻，这些做法令人惨不忍睹，毛骨悚然。

### 快意恩仇：有仇必报，有冤必申

侠义恩仇是千百年来侠士行侠的重要主题之一。复仇是侠士的神圣使命，有仇必报、有恩必酬成为侠士的一大行为准则。

侠者受恩必报，而施予别人的恩惠却不企望报答，他们把重然诺、救急难、无私帮助别人作为侠的本分。侠者不要别人报恩和侠者乐于施恩一样，是因为侠者本身的行为是一种基于道义原则的无私给予。侠的恩义，其实是一种高层次的侠义人格。

　　侠的"恩"的观念，体现了侠者的兼爱观念。这也是他们立足江湖的本钱。江湖上谁没有个急难？朋友就是兄弟，兄弟间相互扶难救危本是义务，用不着要人报答。真正的帮助是要救人于急难之中，危难之中才见真情。

　　有仇必报、有冤必申的传统在中国历史上源远流长，可以说，早在中华民族诞生的原始部落时期，就已经形成了这样的传统，并且一直沿袭下来。

　　报仇或者说是复仇，这种行为在中国古代社会十分流行，是人们受到侵害、凌辱，又得不到官府解决而产生的行为。由于中国古代封建社会的法律不健全、不公正，加之有时吏治腐败，法律常常被践踏，因此，个人之间的仇怨不能被执法者公正解决，不得已只有实施个人复仇。这是法外自决的一种方式，这种现象表现了被压迫者不甘屈辱、不容邪恶的反抗精神。复仇是一种求取公道的行为，带有一定的侠义性。

　　侠士是这一复仇传统最坚决的奉行者、实践者。复仇的正义性及社会效应，充实了侠士的存在意义。历史上常有人因勇于进行正义复仇而被人们称为"侠士"。侠的兴起尤其是战国、秦、汉时期的游侠活动常与复仇交织在一起。复仇之举往往是"侠士"行为最为光彩的一部分，而"侠义"又是复仇的精髓。因为即便是血亲复仇，也不光是为了尽孝父母，行侠仗义兼有弘扬公理、铲除不平的含义。侠士进行复仇都有一往无前、勇决果断的精神，纵然以生命为代价也在所不惜。

　　侠士将侠义精神和复仇紧密联系起来，豫让吞炭、聂政毁容、荆轲义无反顾，均是为报答知遇之恩而代人复仇的，他们都以侠义精神为内核并强化了其社会价值。《史记·刺客列传》记载的许多复仇侠士以自我牺牲的特异行动体现了其一言九鼎、临危受命的气概。其行为虽不符合官方的法律，却是在公理正义的范围之内。

　　侠士是人间最勇敢的复仇者。侠义复仇范围集中在以下几种类型上：为亲族中人复仇，为主人或上司复仇，为朋友复仇，为普通的受害者复仇。

　　父母亲人之仇是各类仇恨中最为强烈的。父母的生身养育之恩，是为人子者永生难酬的。因而，为父母报仇本身就是行孝报恩，显得天经地义。他们报冤雪耻，也是为了争取人的尊严，具有弘扬公理、铲除不平的意义。侠士在亲人遇害后，见仇奋起，或拔刀相搏，或邀集他人群起复仇，不畏坎坷，不达目的誓不罢休。

东汉时期，有个叫苏不韦的人，他的父亲被当时的司隶校尉李暠所杀害，苏不韦决心报此血仇。但李暠已升任大司农，出入防护甚严，并且对苏也有所提防。因而，苏不韦屡次要杀他都没有得手。后来他到了李暠的老家，挖开了李暠之父的坟墓，断其父尸之头，祭奠他自己的父亲之后，又将李暠父亲的首级扔在闹市之中。李暠羞愤难当，最后吐血而死。

侠士为主人或者上司复仇，也是侠义复仇的一个重要方面。在侠士看来，主人、上司可以说是血缘关系的放大，主人和上司具有与父母相近的血缘意义。历史上许多侠士为主人、上司复仇与为父母血亲复仇有相近之处，都是一种报恩。报恩与复仇，二者有着同等重要的道德价值。以杀身取义来酬谢知遇之恩，向来是复仇者较为直接的行为动因。比如东汉末年许贡为孙策所杀，许贡的门客便杀了孙策来为主人报仇。

侠士为朋友复仇是对友情忠诚的重要体现。为友复仇是古代的侠士所遵奉的侠义伦理准则。侠不怕牺牲自我，拿性命去结交朋友，替朋友报仇。古代很多的侠士都是如此，侠士挺身为朋友复仇雪恨的事迹不绝于史册。东汉时，有个叫董子张的，其父被乡里恶霸盛化所杀害。董子张父仇未报，却染病卧床不起。他的一位好友郅恽是当时一位著名的侠士，重义气，重友情，乐于助

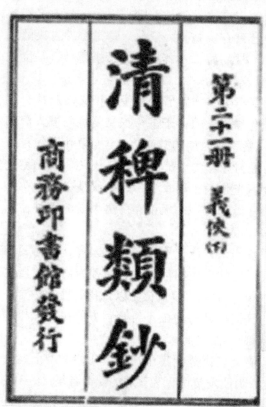

《清稗类钞·义侠类》书影

人。郅恽听说了这件事后，马上想替董子张报仇，由于怕连累卧病在床的董子张，他犹豫再三，没有动手。后来董子张的病越来越重，郅恽带领门客截杀了盛化，将其头砍下带回来给董子张过目。董子张见仇人已死，方才闭目气绝。郅恽后来主动到县衙自首。郅恽既杀死了朋友的仇人，又自己去承担杀人之罪，以保全朋友，使朋友避免受到法律制裁，表现出高尚的侠义风范。

此外，侠士还为一些善良的、与自己毫无关系的普通受害者复仇，有时甚至主动为之复仇，这体现了侠士复仇的正义性。据《清稗类钞·义侠类·黄珠为人报父仇》篇记载，九江的铁匠黄珠是位著名的侠士，他热心助人，急人之难。他的邻居中有位以教书为生的人，姓李。二人相邻3年，也没有什么来往。在这3年中，黄珠发现李某数次在夜晚痛哭，他就过去问明缘故。原来李某的父亲被土匪诬攀，县令向其父索贿未遂，就严刑逼供，致其冤死。李某到城里复仇，几年来没找到机会；几次通过官府诉讼，也没有什么结果。黄珠得知李某的冤仇，安慰李某几句后，就关闭了铁匠铺，去做了一名车夫。一次，害死李某父亲的县令外出，黄珠用车拉着县令，到了悬崖绝险处，突然放手，将县令摔到万丈悬崖之下，替李某报了仇。黄珠与李某平素无交往，并且李某也没有求助他，而他却主动为之报仇，可谓有侠肝义胆。黄珠这种为天下人抱不平的侠义壮举值得颂扬。

侠士的复仇行为大都体现了善，受到人们的称颂。但历史上的侠义复仇，也明显具有两面性。多数侠士是从报恩的角度去实施自己的行为的，他们不考虑自己的行为是否合法，更很少考虑自己行为的正义与否，因此，常常做出并不符合大众利益的事情。有时侠为报恩复仇而妄杀无辜之人，就会对社会产生破坏性。

古代侠义复仇意识为后世的侠者们所继承，形成了在侠义精神中追求快意恩仇的传统。这种恩仇意识，体现了人们对公平、正义的一定追求。但是，侠士在具体实践中常常出现只顾私义、不问是非的复仇行为，这对于无辜的平民百姓无疑是一种伤害，并且极易导致江湖上的冤冤相报，引来血雨腥风、杀戮无数。

通过报仇，侠者的自尊心得到了充分的补偿和满足，也使侠的名声和威望得到振兴。所以，江湖上的恩仇观，是武侠精神中最古老的核心元素之一。

但侠在情、义的冲突与交战中，能够一笑泯恩仇，这是大侠才能达到的

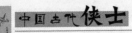

一种境界。

 知识链接

### 侠女施剑翘

近代天津曾出现一位勇报父仇的侠女施剑翘。施剑翘为山东军务帮办施从滨之长女，安徽桐城人。其父于民国十五年（1926年）被军阀孙传芳所枪杀，施剑翘乃决意复仇。为实现其计划，故嫁其堂叔施靖公（当时在山西充教练队团副）以作为父复仇的交换，未料时间一长，施靖公将此交换条件忘却。施剑翘深感求人不如求己，便来到天津加入居士林，并于1935年11月13日在居士林中复其大仇，用手枪将孙传芳击毙，后投案自首。她复仇前曾赋诗两首：

父仇未敢片时忘，更痛萱堂两鬓霜。
纵怕重伤慈母意，时机不可再延长。
不堪回首十年前，物自依然景自迁。
常到林中非拜佛，剑翘求死不求仙。

施剑翘在狱中见女犯中多数因家贫，天冷时没有棉衣，就毅然捐资，并向其亲友代为劝募，购买大量冬衣，在狱中发放。人们称之为"义侠"。这种复仇之侠是在乱世中自行公道，其勇毅行为受到人们的赞扬，对行恶者也是一种震慑。

##  江湖好汉与绿林侠义

自宋代以来，武侠精神由"侠义"逐渐向"忠义"转变，但原有的武侠文化传统、武侠精神中的侠义品格和勇武技艺，仍顽强地保留了下来。时代毕竟不同了，以"忠义"信条和生死兄弟的关系为纽带的江湖义气，成为组织和联系群众的血脉：对国家民族"忠"，对朋友兄弟"义"，使得更多的江湖中人有了一定的影响力和号召力。

　　没有江湖就没有武侠。两宋时期，中原相继沦丧，胡骑纵横驰骋。在极端野蛮残酷的武力镇压下，虽说反金抗辽的平民组织比官军大队人马还有战斗力，但他们也在内外交加的双重压迫之下，被迫转入到地下，且日趋秘密化。南宋时，北方出现了以反抗异族统治为宗旨的秘密结社。如河北路各州县人民结成的"忠义社"，抗击异族侵略的平民武装"红巾军""八字军""五马山寨义军"等。这些组织与南方城市中的秘密会社形成了具有秘密宗旨和礼仪，从事特殊宗教、社会和政治活动的民间秘密会社。秘密会社与江湖、武林、绿林一样，是中国民间社会的特殊社会形态，其中集中了一大批具有侠义精神的武林侠士，成为武侠世界的另一种存在方式。

　　江湖中的秘密会社成为社会秩序的对立物，是与组成秘密会社的成员都是下层群众有关，其中包括行走江湖的布衣之侠，无业流民，固守一隅、终老他乡的农民，"夜聚晓散""聚则为贼，散仍为民"的江湖会党。他们活动无常、流散不定，啸聚山林，滞留码头，在江湖中四处行侠。

水泊梁山

两宋是中国历史上最为腐败的朝代之一，其社会矛盾十分激烈，兵饷官俸的沉重负担、吏治的腐败、繁杂的徭役赋税，使得下层社会不少人落草为寇，铤而走险，亡命江湖。北宋中后期，异族入侵中原，宋朝国都、政府南迁，留下了大量的江河湖泊和山脉森林作为绿林社会求存与活动的地方，这便为平民的武装割据提供了一个广阔的疆场。江湖港湾有洞庭湖水域，结聚山寨有水泊梁山等。大大小小的山寨，构成了中国民间社会一个特殊的社会网络——绿林。

宋代以后，武侠聚啸绿林，浪迹江湖的很多人则成为秘密社会的骨干力量。动荡不定的生活，共同出生入死的共同命运，把他们紧紧联系在一起。他们注重群体内部的团结与忠诚，看重浓厚的江湖义气，为朋友可以承担某种神圣的义务，甚至牺牲自己的生命。这是绿林社会内部人际关系的一个准则。由于绿林中人常处于极度危险的秘密环境中，因此采取结拜异姓兄弟的形式，以近似于血缘关系那样牢固的纽带将自己与别人拴在一起。像"桃园结义""瓦岗群英""梁山聚义"一类的故事，在江湖上广为流传，成为忠义的典范，也促进了民间秘密结社的形成。

江湖义气在绿林武侠中已占有相当重要的地位，义字当头，超越了一切价值标准。结拜了兄弟，就要荣辱与共。如若有人违背江湖义气，背盟弃义变节，那就会受到绿林武侠的诛杀讨伐。

绿林的存在与发达，为武侠的活动提供了广阔的疆场。《史记》中的《刺客列传》《游侠列传》和《汉书》中的《游侠传》，武侠们还都是单兵作战，未形成大规模的绿林活动。如荆轲这等游侠，只是四处飘泊，却未栖身绿林，占山为王。再如汉代豪侠郭解虽被朝廷缉捕，却仍未亡命江湖绿林山寨水泊之中。显然，在这些古典主义色彩甚浓的游侠中，"名分"是重于一切的。他们当然知道"侠"与"盗、贼"的身份区别，因而他们即使沉沦在社会底层，也要强调武侠的身份意识。后来，动荡的社会现实打碎了他们天真的幻想，也模糊了他们独行侠的身份意识，武侠开始向绿林社会迈进。直到宋代之后，武侠才寻找到了他们在民间社会中发展的新空间，这便是江湖好汉与绿林义军在宋代大发展的社会内在原因。

在中国历史上，特别是明清以来，凡起兵反抗朝廷者都被诬蔑为"匪贼"。但亡命江湖者，不乏志士仁人。他们虽聚啸山林，占山为王，实则是揭竿而起的绿林义军好汉。他们具有一定的叛逆精神，曾不止一次地发动武装起义，在青史上留下了美名，也使武侠英雄辈出。

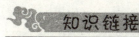

### 《博陵王宫侠曲》

人们经常可以在武侠小说以及评书、戏剧中听到或看到关于绿林好汉行侠仗义的故事。那么，什么是绿林？绿林好汉的生活又是怎样的呢？

晋人张华的《博陵王宫侠曲》其二就形象地描绘了绿林好汉的生活：

雄儿任气侠，声盖少年场。

借友行报怨，杀人租市旁。

吴刀鸣手中，利剑严秋霜。

腰间叉素戟，手持白头镶。

腾超如激电，回旋如流光。

奋击当手决，交尸自纵横。

宁为殇鬼雄，义不入圈墙。

生从命子游，死闻侠骨香。

身没心不惩，勇气加四方。

对于绿林好汉的社会作用，晚清革命党人和诗人柳亚子在1904年著文说："吾二千年前之中国，侠国也；吾二千年前中国之民，侠民也。侠者，圣之亚也，儒之反也，王公卿相之敌也。重然诺，轻生死，挥金结客，履汤蹈火，慨然以身许知己，而一往不返，一瞑不视，卒至演出轰霆掣电、惊天动地之大活剧，皆侠之效也。"

侠士们凭借"除暴安良"的口号来博得社会上的谅解和好感。绿林中多有严格的行为规范，其分子多为贫苦的底层群众，他们对一般人民不加干扰，更不许侮辱妇女和焚毁房舍，所以，能得到人民群众的赞许和响应。当然，这些形象更多地体现在文学描写中，反映了一般民众的美好愿望。

绿林好汉的侠义观凝聚在所谓的"江湖义气"中。"有福同享，有难同当"，这已经成为绿林社会内部为人处世的准则之一，体现了"侠义"的境界。相应地，江湖侠士对于违背江湖义气的叛变行为深恶痛绝。

清朝四大奇案之一的张汶祥刺马案就鲜明地表现了这一观点。同治年间，张汶祥及其好友曹二虎、石锦标都是捻军头领，三人情深意切，如同同胞兄弟。在一次战斗中，张汶祥被团练头目马新贻俘获。马新贻厚礼相待，成功地拉拢了张汶祥，并劝张诱降曹、石二人。后张、曹、石三人与马新贻结拜为异姓兄弟。后来马新贻升迁为安徽布政使，其间诱奸了曹二虎之妻，并将曹诬陷杀害。张汶祥发誓要报此仇。经过多年的精心准备，终于刺死了已任两江总督的马新贻，然后坦然受刑。我们可以看出，在张汶祥身上表现出复杂的江湖义气：他一方面以义气为重，为结义兄弟报仇雪恨，不惜牺牲自己的性命，其豪侠义气可歌可泣；另一方面，他也可以为了与马新贻的所谓"义结金兰"，背叛捻军，鲜明地表现出了江湖侠义的蒙昧与原始特质。

绿林人士因来自各方，鱼龙混杂、良莠不齐，各自聚义目的不同，难免就有不法之徒打着绿林旗号，干出许多残害人民的行为。所以，我们要客观地看待这些历史上的绿林人物：既不能简单地认为他们只是一些打家劫舍的暴民，也不必过分夸大其反抗精神；既要对他们当中的义行给予充分肯定，也要充分认识到他们对社会造成的危害。

# 第二节
# 侠义精神：古代侠士的道义原则

侠义精神和侠义伦理是传统侠文化内涵的价值核心。尽管侠的外在形态在历史上不断发生变化，但是其内在的重义尚力的特性始终保持着相对的稳定性。侠行为的目的就是对"道"与"义"的实践。

## 侠义精神：　侠文化的基本内核

侠义精神是人间正气的希望，中华民族的历史发展过程时时与侠义精神同在。在侠看来，享有人间的相对自由，便是江湖上最大的理想追求。侠士在行侠过程中形成的争取自由、平等、公正、兼爱的传统，经过2000多年江湖文化的洗礼和变迁，其江湖追求和道义原则，已经发生了许多重大的变化。侠者的盖世侠气，一腔血勇，有所必为，有所不为，其间有他们约定俗成的江湖原则，即道义原则，不仅包括道德与伦理，也包括了自由与正义。

侠义精神是侠之为侠的一个永恒的行为动机，是侠文化的基本内核。

所谓侠义，就是以侠的方式行侠仗义。侠义是侠士们快意恩仇、一诺千金、轻生重义的一种行为，同时也是一种壮伟而崇高的理想和品质。侠士们以行侠仗义实践着一种高尚的品格，那就是"义"。

自古以来，侠与义就有着密切的关系。唐代李德裕曾在《豪侠论》中说："夫侠者，盖非常人也，虽然以诺许人，必节义为本，义非侠不立，侠非义不成。"这就是说，侠须有一个正义目标才成其为侠，而"义"这种人格品质，这种理想，都是通过侠的行为而得以发扬光大的。侠者身上所体现出来的"义"——道义、正义、侠义，深深地渗入到千千万万老百姓的心灵之中。

"义"是侠士自我价值实现和得到社会普遍认可的表征。因而，"义"在侠士心目中是一种至高无上的人生理想与道德标准，侠士为求义而甘冒风险、犯禁乃至流血牺牲。侠的敢死行为绝不是盲目的本能的情感冲动，而是在一种社会理念支配下的执着追求，因而能博得人们的广泛赞誉。

一般认为，侠的原初形态中的"义"具有墨家的"摩顶放踵为天下利"的精神。侠者的侠义行为和思想深受墨家"兼爱"思想的影响，侠义与墨家主张的"义"是相通的，即平等、利人、守信的精神。《墨子·兼爱下》主张"言必信，行必果"，并且为了达到"兴天下之大利"的目的，不得不用"天之罚"，以除天下之大害，甚至必要时"不惜以身为牺牲"；《墨子·经上》更是明确指出："义，利也。"这个"利"是指利他。墨家认为"兼爱"是"义"之根本，若天下人兼相爱，爱他人如同自身，人世间就不会有不孝、不慈、盗贼和攻杀之事。墨子主张人们尽力援助那些遇到困难或比自己条件差的人。墨家更注重人与人之间保持平等、互助的关系，"义"则是惟一的维系这种关系的准则。

从秦汉以后的情况来看，"侠义"的观念更多地是在民间流行。其内涵不断丰富，逐渐发展为救危扶困，义不容辞；路见不平，拔刀相助；知恩必报，赴汤蹈火；受人之托，一诺千金等多方面。司马迁对于侠义精神的确立尤为重视，他在《史记》中所宣扬和歌颂的侠义精神，可归结为两大原则：一是"救人于厄，振人不赡"之"仁"，二是"不既信，不倍言"之"义"。他将"存亡死生"的侠义人格与"已诺必诚"的信义人格结合起来，构建了侠的道义模式。后世的江湖绿林和文学作品中有许多种侠义行为和模式，大都体现了这一侠义精神，或者是它的演化。如清末的侠义小说《七剑十三侠》第一回开宗明义所说："吃饱了自己的饭，专替别人家干事。或代人报仇，或偷富济贫，或诛奸除暴，或挫恶扶良。"现代武侠作家梁羽生也指出，"侠是正义的行为"，也就是"对大多数人有利"的行为。这些思想的根源其实都来自司马迁。

唐宋以后，侠义观念深入人心，下层社会广泛地流传着江湖侠义的故事。其中民间文学、戏剧中渲染了诸多"义"的观念，对于侠义观念的传播有着直接的影响。如三国故事在唐代已广为流传，刘、关、张"桃园结义"，三人"寝则同床，恩若兄弟"。再如在"讲五代史"基础上形成的《五代平话》，记叙了黄巢与朱温结拜兄弟的故事；宋江等36人聚义的故事在宋朝也已经流传很广。民间文艺作品的渲染使得江湖侠义精神被广泛地传颂，所谓"梁山的根本、桃园的义气、瓦岗的威风"，就是江湖侠义精神的体现。

随着时代的推移，侠义观念演变成了一种文化精神，侠义崇拜已成为普遍性的民间文化心态，侠义精神也演化为一种传统民间美德。历代文人和民众谈侠敬侠，不断推动着人们侠义观念的发展。从精神层面上来认识侠义，它就是一种"平等、利人、守信"的精神。就其本质而言，它也是积极的，引导人们向善的，甚至是一种道德上的约束。正是在这种文化精神和伦理原则的支持和影响下，人们心目中的侠有一种实现正义理想的深层动机。

可以说，崇武尚侠、匡扶正义、共赴国难等侠义精神一直是中华民族文化中的核心内容。无论是正史、官书，还是小说、野史，无论是正统文学，还是民间文学，其中所描写的侠义故事和侠义人物，往往受到不同时代、不同阶层的广大读者的喜爱。即使是今天，优秀的武侠小说和侠义人物仍然为广大民众所喜闻乐见。在历代风云变幻中，许多江湖义士扶危济困，共赴国难。如明代嘉靖年间，大批侠士义士以民族危亡、国家大局为重，摈弃江湖之间的恩怨和与朝廷的冲突，投身抗倭队伍，有力地维护了一方平安。

中国侠义精神的内涵十分丰富，归纳起来，主要有以下几点：

一是坚持正义，反抗强暴，勇赴国难。如春秋战国时期的鲁仲连、唐雎、申包胥等一系列侠士义士，对国

《三侠五义》书影

家忠贞不渝，对强暴毫不畏惧，为了国家存亡大计，不计个人利害得失，奔走呼号、勇于献身。荆轲更是慷慨悲歌，好侠使气，"已诺必诚，不爱其躯"。他们的言行举止正体现了这种"路见不平，拔刀相助"、匡扶危难、为国分忧的侠义精神。

二是排难解纷，重义轻利。为人排难解纷，正是中国人崇尚的侠义精神的重要内容之一。救人困厄、解人危难、匡扶正义、舍生取义、重义轻利是中国人由来已久的对于侠义精神的基本看法。

三是"士为知己者死"之类冀遇知己、重视情谊、效死报恩的思想，如先秦时期的聂政。聂政为严仲子而刺杀韩相，舍身报友，集忠孝节义于一身。

我们也应该看到，侠义精神在后世江湖侠义文化发展中不断融入了许多行帮道德和小团体色彩，使得侠义精神明显地带有一些落后性和褊狭性，原有的平等兼爱的侠义变成了基于行帮道德的江湖义气。

传统侠文化中的"义"也常受之于封建观念的侵蚀和规范，如忠、孝等礼教内容。《史记》、汉唐诗歌、《水浒传》等小说丰富地表现了侠文化的正义感、勇敢无畏和忠于朋友等多方面内涵，但到了清代的《三侠五义》《儿女英雄传》，侠义已变成为一种封建孝道和忠君观念。

## 立身正直的高尚品格

中国传统文化精神中的立身正直，指的是品格高洁，胸怀坦荡，行事光明磊落，不为权势所屈，不为利禄所动，不为美色所惑，不为奸邪所用。"富贵不能淫，贫贱不能移，威武不能屈"，崇尚气节，讲究忠贞，正是中国士人的优良传统和人格精神的主要内容。而古代侠士也保持了"士可杀而不可辱"的坚定信念，它表现为追求道义、献身理想而不屈服于外来压力，也不受邪恶势力诱惑，洁身自好、特立独行的高贵品格。

不少武林侠士常令人感到一种大义凛然神圣不可侵犯的堂堂正气，这就是武学中"神"的外在表现。武林高手历来是统治阶级网罗拉拢的对象，但不少武林前辈宁可隐居深山，或飘泊四方，甘愿过着十分清苦的日子，也不愿到朝廷官府豪门大户做事，充当他们的爪牙。

在国家、民族危难之秋，更能显示出一个人的品格。富于牺牲精神，是古代侠士的突出品格，他们抛弃了顾及身家性命、恐惧死亡、胆怯畏战的思想，毅然选择了为国家为民族而献身的道路。他们以死捍卫的是作为一名武士、一名勇士的尊严。武侠个人的尊严与国家民族结合在一起时，就上升为民族气节。近代武侠霍元甲，曾以绝技"迷踪拳"力挫日、美大力士，为国人争光。

人不可有傲气，但不可无傲骨。中国文人傲岸自持的高尚人格，历来为武侠志士所效法。武林中人大多具有这种蔑视世俗富贵荣禄的傲骨。他们不屑于为人所用，不愿低三下四地去逢迎巴结权贵，更不屑于听任别人颐指气使。同一般人相比，他们显然具有较强烈的独立人格：他们不愿受人驱使；他们行事独来独往，而渴望天马行空；他们奉行好汉做事好汉当的原则，宁可自己承担一切后果，而不愿去连累别人。

中国武侠秉承了中国传统士人的孤傲与旷达，这是他们恃才傲世的资本。但武侠中人，多为正人君子，端守操行。

## 患难与共的江湖义气

关于"义气"，很难用一个准确的概念来明晰地界定它。不过，有两条是肯定的：对国家民族的忠，对朋友兄弟的义。

武侠的侠义观，主要表现在"江湖义气"上了。应该说，"义气"一词含义很宽泛，它包括有同心同德、同舟共济、生死与共、见义勇为、扶危救困、死生相托、患难相扶等。这是他们立足社会，对朋友、对社会、对国家、对民族的处世准则和高尚美德。

武林义气，首先是在本门同道之间，然后才扩展到其他志同道合的人。武侠一向重视联系同道中人，注重友情。他们把名望看得极重，为了显示自己任侠好客，他们对同道往往着意结纳。为了一个"义"字，他们可以"路见不平，拔刀相助"，且可以"有福同享，有难同当"。

"路见不平，拔刀相助"，反映了武侠打抱不平的侠义观念，所以他们行侠仗义，为民除害。民国初年著名的"京华盗侠"燕子李三，名扬天下。他的轻功如燕子掠水。他云游江湖，专门飞檐走壁，劫富济贫。1934年，故宫的国宝被盗，且落入外国人之手。燕子李三深感愤怒，他心怀不平，履难蹈险，硬是从外国人手中盗回国宝。而当他就要将国宝放回故宫时，却不幸被捕遇难。像李三这样的侠肝义胆，才是武侠的英雄本色。

"有福同享，有难同当"，表现的是一种原始的江湖内部人际关系的准则。他们之间彼此的团结与忠诚，责任和义务，占据了武侠生活的全部空间，甚至超越了其他一切价值标准，足见江湖义气在武林侠士头脑中的影响是多么重大。"胡人弹骨、越人契臂、中国歃血也，所由各异，其于信一也"，说明盟誓结义始于一个"义"字。后世的兄弟结拜，就是效仿古人，一直延续下来。

　　总之，武侠在复杂的社会中所奉行的价值观和行为方式，对传统武德的形成和发展，形成了很好的铺垫。

## 重信守诺的江湖之义

　　重信守诺是建立在相互信任基础上的一种侠义品格，它本是维系人与人之间的人际关系准则，但在古代社会中，这种起码的信任却被淹没在弱肉强食、尔虞我诈的社会环境中，到处充满了骗局和陷阱。

　　就在此时，侠士承担起净化社会道德信念、纠正社会不良风气的角色与

瓦岗寨

重任。

汉初之时，天下流传着这样一句俗谚："得黄金百两，不如得季布一诺。"一诺千金的典故，盖源于此。季布的一个承诺，要比黄金百两值钱得多、宝贵得多，这也充分体现了侠者的承诺在社会上的巨大影响。

侠者任侠的核心就是"信"，就是"重诺"。三国时魏国学者如淳解释"任侠"二字时说，相互信任就是"任"，同仇敌忾就是"侠"。李白的《侠客行》说："三杯吐然诺，五岳倒为轻。"就是对武侠"重信守诺"品德的形象描述。

在复杂的社会中，朝廷靠不住，在那里是没有什么公理和正义的。如韩信、彭越都是为其朝廷立下大功的功臣，到最后却遭到杀头灭族之祸。其实他们都没有什么大错，只不过是功高震主吧。侠者的承诺，才让人放心，使人心悦诚服，无论什么情况，他都不会食言。当然，有时侠者并不全是正义，有时为了江湖义气，也要讲个人感情和个人形象的。但为了英雄信条和帮会道德，必须在一定的范围内讲义气。

重信守诺的品格和光明磊落的胸襟、仁义至厚的心怀，一起成为侠者江湖道义的最高境界。武侠所崇尚的"重然诺"的品德，不仅成为武侠精神中最重要的核心要素之一，为历代侠者所遵守，而且一直为历代武侠所继承；并随着武侠精神在大众社会中的流播而得到弘扬，成为中华民族普通大众的伦理观念中最为推崇的传统美德之一。与此同时，"守信重诺"也就成了中华民族国民性的一部分，成为衡量一个人人品好坏的最起码的价值标准。许多武侠小说中写到，就连杀人不眨眼的恶魔巨盗也常常会把"信诺"看得比生命还要重要。因为在他们眼里还有一点点作为人的亮点：为人言而无信，其与禽兽何异？

守信重诺，是真正的大侠风范。守信重诺，影响着侠士的朋友观、江湖的义气观。重然诺就是对朋友的绝对信任和无限忠诚，是大侠在江湖上立命的第一要义。只有如此，他们才有可能横行天下，侠游江湖。

## 救危济难的侠义品格

在古代社会，百姓最基本的生存权利常常会受到威胁。于是，只好沉溺于幻想之中，渴望着有大侠从天而降，普度众生，因为只有在侠义的江湖里，才有正义、平等、自由与安乐。难怪千秋之下，一代又一代侠士会层出不穷地去做一个于朝廷是"乱民"、于百姓是"救星"和朋友的江湖义侠。

大侠之所以能够在社会上生存、发展，主要是它对市井平民有一种解救功能。所谓"路见不平，拔刀相助"，本身就是一种偶然的救急行为。只要听说哪里有不平，他们千里迢迢也会赶去，所谓"千里赡急，不吝其生"。但在大千世界里，侠者总归还是可遇不可求的。

现实社会中的公正是很难得到的，但侠却可以以自己的行侠之举，赢得天下人的心。正是如此，侠的"救急难"会成为江湖之义中的重要原则。汉代第一大侠朱家就以专门替人解难著称于世的。他出生在儒学风气淳厚的鲁国，具有侠者果敢纵横的品质，且乐于助人，急人所难，有求必应，义不容辞。其行为不仅施于朋友，甚至也加于陌路之人。刘邦建立汉室不久，天下未定，朱家就完成了一件令朝野震惊的大事。他冒着"罪及三族"的风险，收留了被刘邦悬赏捉拿追捕的楚将季布，顿时侠名布满天下。事情至此还不算完，难能可贵的是，朱家救人急难，丝毫不图报答。后来，季布受到刘邦赦免，并任其为河东太守，也算是高官爵显了。但是朱家解救了季布之后，却终身不再与季布见面。他的这种侠行，受到世人的交口称道，江湖豪杰与市井细民，无不以和朱家相交为荣。

其实，人生一世，哪能没有一点急难？汉武帝天汉三年（公元前98年），汉将李陵带兵北击匈奴，不幸被匈奴大军围困，重创敌军后，仍做了俘虏。单于爱他是个人才，苦口婆心地劝降。而汉武帝闻讯，以为李陵已经投降了匈奴，龙颜大怒，下令逮捕了李陵全家老小。这时，满朝文武没有一个人敢于出来说话。只有司马迁出来为李陵打抱不平，说李陵不会投降，其中必有隐情。这一下惹怒了武帝，被处以宫刑。此时，满朝文武百官，平日里的朋友知己，贤达正义，没有一个人挺身而出相救于他。

武侠精神中的这一行为准则，是侠义行为在民间社会广为流传的重要原因。"救急难"的品格，不仅是对社会安全保障的一种期待，也是对正义、公平、自由的期盼。它代表的是人们对道义的向往。《水浒传》中宋江之所以名满天下，众豪皆顺，就因其有"及时雨"之美名，能急人所难，出手相助。

武侠之士，不惜生命为平民百姓解困救危，无疑是对平民社会的一种无私的付出。侠的救人急难，一往无前，奋勇当先，也是大无畏人格的体现。

总之，平民社会对武侠"救人急难"精神的推崇和宣扬，在民间就形成了"舍己助人"的良好风尚。"舍己助人"，就是由武侠所奉行的"救急难"信条，进而演化为民间社会所推崇的伦理准则，最终成为中华民族道德伦理体系中的传统美德之一。

## 勇担道义的江湖使命

侠的理想追求，其核心就是"道义"，它包括道德与伦理，自由与正义，体现了中国不同社会阶层和各集团之间的利益。

侠的道义是光明磊落、万丈豪情的。唐代李德裕在《豪侠论》中说："夫侠盖非常人也，虽然以诺许人，必以节义为本。义非侠不立，侠非义不成。"他要求侠要遵守朝廷的礼法节义，这当然可以说是官府的道义观。

《墨子·经上》说："任，士损己而益所为也""为身之所恶，以成人之所急"。任侠之士的第一要务，就是要急人所急，救人于水火，这也是侠士所遵循的道义，是江湖之侠所持的观点。至于一般民众，着眼的是一个"义"字，讲究人与人之间的道义相许，与政府、法制间并没有直接的关系。他们对江湖感到神秘好奇，却又满怀希望，想就此找个靠山，急难到来时有人出来援手。他们也为江湖的血气方刚所倾倒，幻想着自己也能成为英雄；也

明版《水浒传》插图版画

为江湖的道义所折服，幻想着一个公平世界的到来。

在这种情况下，官府、民众、江湖的道义原则虽有所不同，但有一点却是共同的，那就是不约而同地都要求江湖之侠承担起"道义"的使命来。于是，侠的行为，就不再是个人行为，而且即使不行走江湖，也应具有侠气。在社会生活中，侠者自觉不自觉地承担起"道义"的执行者的角色来。

这就是江湖道义的魅力。侠的道义以天下事为己任，在天下没有救星的时候，充当救星；在没有道义的时候，主持道义。不为名，不为利，不图他人报恩，只为一腔侠雄之血、豪英之气。从这个基点出发，侠者绝不是江湖上只会"以武犯禁"的一介武夫，而是忧国忧民的英雄。他们的前途命运，不仅与江湖命运息息相关，也与国家命运紧密相连。

宋江本是儒士，但个性中却富于侠气，常常仗义疏财。逼上梁山后，仍不忘以儒生前途为念。他的抱负是以反抗朝廷来执行正义使命，而儒生的抱负却是以投入朝廷的怀抱来实现理想。宋江却企图把江湖与朝廷的矛盾调和起来，既要"替天行道"，也要"忠义两全"。其实，这是不大可能的。绿林道义经过中国传统也是正统的儒家思想的改造，已经变得力不从心了。

事实上，李逵才是江湖道义的真正化身。他身上的果断、坚决，直露出一股纯朴的侠气，使绿林江湖闪烁出一丝耀眼的道义光芒。他所要的是一个清平世界、朗朗乾坤，他的心中有一种正义之感、救世之志、雄烈之心。

梁羽生说过："集中社会下层人物的优良品质于一个具体的个性，使侠士成为正义、智慧、力量的化身。同时揭露反动统治阶级的代表人物的腐败和暴虐，就是所有的时代精神和典型性。"武侠，为国家、为民族、

唐太宗

为大众、为正义而征战厮杀，不仅是民间豪侠的偶像，更是正义的化身。梁山好汉们的"替天行道"的道义原则，影响了整个中国宋元以后的武林社会，成为江湖道义和社会政治相结合的江湖使命与绿林的理想追求。这种包含了"精忠"意识的"替天行道"，在基本内容与基本立场上，已与侠原初的"道义"发生了重大偏差。"只反贪官，不反皇帝"几乎成了绿林豪侠的道义模式。

绿林道义最初是以"以武犯禁"的方式步入江湖，以"替天行道"的途径来与朝廷抗争，并代朝廷执行正义使命，从而进入政治军事、国家天下的领域，由此争得和维护自身的生存权利。侠士对政治不大关心，在政治上也没有什么野心。但是，由于他们反抗官府、为民伸冤、清除武林败类、为民除害的行为，已经无法与政治脱离关系了。另外，他们中有的已经具备了攻城掠地、屯兵百万的能力，于无意间动摇了朝廷的根基，开始与朝廷争权，让人家江山不稳，这自然引起了朝廷的恐慌。

于是，汉武帝才对游侠大开杀戒，强行把游侠赶出政治领域。

侠的"替天行道"，最终会直接转化为政治军事行动。历史上许多开国之君，都是出身绿林的侠者，如刘邦、刘秀、曹操、李渊父子、赵匡胤、朱元璋等，但能将绿林道义上升为国家天下的高度，从而成为天子，得到天下。当然，这是侠者为王的特殊例子吧。

梁羽生先生认为"宁可无武，不可无侠"，把"侠"看得比"武"更为重要。侠者不仅拯救平民，也会在民族危亡的关头，拯救民族国家。《碧血剑》中张丹枫对明代的土木之变，所做的一切，远比官军更加义无反顾和坚决。而金庸更为我们塑造了一系列"为国为民，侠之大者"的大侠道义形象，如《射雕英雄传》中的郭靖等。

在此境界下，大侠精神体现为侠的道义，直接纳入一个更加广阔的天地。无论是在官府，还是在民间，抑或江湖，他们都会成为真正的豪杰、英雄。武侠精神的最高境界，就是坚守自己的侠义传统和既定目标，将武技与侠义观念，将江湖道义与朝廷道义（律法义理）融合在一起，为国家、为民族、为民众谋取更大的利益。这也是侠者勇于承担的真正道义。

精忠报国，为国为民是最完美的武侠精神，是中华民族最完美的道义形象和人格象征，是中华民族的最高伦理标准和价值取向。

中国长期的封建社会里，法律不外乎人情。结下仇怨，往往在法律之外寻求一种自然而然的方式。但是，没钱的平民靠官府的法律是讨不回公道的。因此，民间的大大小小恩怨仇恨，便会以更直接的形式来了断。"杀人偿命，欠债还钱""一命抵一命"，就是用原始之极的武力，惩治恶人的手段。于是，侠士天然地承担了锄暴安良、主持正义的角色。

# 第三章

# 侠行天下——古代侠士的文武之道

　　文武之道，一张一弛。武功是古代侠士的生存保证，从这个意义上讲，武无侠不立，侠无武不成。在侠士的世界里，在几千年侠义精神的影响下，历代文人学者对侠士的渲染与追捧，逐渐形成了独特的侠士文化。

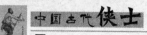

# 第一节
## 侠骨武魂——古代侠士的绝技神功

　　侠士中有相当一部分是以武行侠，人们称之为武侠。武功是作为武侠的基本条件，是武侠行侠的手段。武侠要锄强扶弱、除暴安良、劫富济贫，主持人间正义，就要面对强大的社会暴力，面对社会上强大的邪恶势力。他们要将行侠仗义的愿望付诸于实际行动，承担扶危济困的社会责任，就不仅要具有"路见不平，拔刀相助"的血性和正义感，而且还必须具有出神入化的高超武艺。如果说正义感是行侠的主要动力，武艺则是行侠成功的重要保证。如不具备高超的武功，不仅无法除暴安良，恐怕连自己的性命都保不住。

### 古代侠士的兵器运用及变化

　　武术作为徒手和器械的攻防技术，是力量与技巧的结合。在中国古代相当长的一个时期内，徒手反倒被人忽视，而剑术水平却成为衡量一个武侠武艺高低的一项十分重要的标准。尤其是战国时代，游侠之风盛行，剑术更成为了一个武侠形象的象征。剑在先秦时代出现后，很快达到了全盛期。到了春秋以后，中国青铜的铸造技术有了很大提高。湖北江陵望山出土的越王勾践剑，几千年来竟完好无损，光彩照人，锋芒毕露，实在令人惊讶，也足见当时兵器制造技术已经达到相当高的水平。战国时代由于战争频繁，剑已成为军队中普遍使用的作战兵器。由于剑短，所以人们都重视剑的锋利。如干将、莫邪、湛卢、鱼肠、太阿、龙泉等著名宝剑，就出现在此时，干将、莫邪、风胡子、欧冶子等人就是那时出现的铸剑大师。

　　在人们的思想观念上总爱把侠与剑联系在一起。有人说剑是中华武侠兵器的顶峰，也有人说剑是中国武术的象征，剑象征着侠者高雅清纯的人格意气。尤其是在先秦除了作刺击兵器之外，它还是象征高贵身份的饰物。武侠小说中常见的武器就是剑，没有哪一部武侠小说不写到剑的。而以剑组成的词语就有很多，如"宝剑""仗剑""按剑""伏剑""挂剑""书剑""试剑""三尺剑"等。

当然，好剑还得配好手。武艺低者可凭一柄宝剑增强战斗能力，武艺高者有了宝剑则是如虎添翼。但有绝世武功的高手，是不计较用什么剑的。在他们手上，一把钝剑、重剑、软剑、竹剑、木剑等寻常之剑，只要内力极其深厚，"不滞于物，草木竹石均可为剑"，照样杀出威风凛凛来，甚至达到"无剑胜有剑"的境界来。

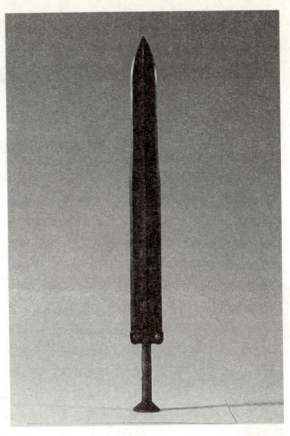

越王勾践剑

有人说，名剑、神剑得天地宇宙本源的精华与灵气，更蕴含着人的生命。神剑的意义，不仅仅在于它是神物，而是它是天地人合为一体的至尊大道。

盛唐玄宗开元年间有名的舞蹈家公孙大娘的的剑舞，更是令世人熟知。司空图《剑器》诗云："楼下公孙昔擅场，空教女子爱军装。"可见她的名气一直传到了唐末。《剑器》是古代武舞的曲名，是从西域传入的，《通考》说是"其舞用女妓雄装，空手而舞"。既是武舞，又着雄装，舞时自然是持剑。"草圣"张旭自谓尝观公孙大娘舞西河剑器而得其神韵，书法大进，竟成狂草。"诗圣"杜甫的《观公孙大娘弟子舞剑器行》一诗，为我们留下了一曲千古绝唱，写尽了公孙大娘弟子剑器的刚、柔、动、静之美。

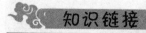

## 《观公孙大娘弟子舞剑器行》并序

　　大历二年十月十九日，夔府别驾元持宅，见临颍李十二娘，舞剑器，壮其蔚跂，问其所师，曰："余公孙大娘弟子也。"开元三载，余尚童稚，记于郾城观公孙氏，舞剑器浑脱，浏漓顿挫，独出冠时，自高头宜春梨园二伎坊内人洎外供奉，晓是舞者，圣文神武皇帝初，公孙一人而已。玉貌锦衣，况余白首，今兹弟子，亦非盛颜。既辨其由来，知波澜莫二，抚事慷慨，聊为《剑器行》。昔者吴人张旭，善草书帖，数常于邺县见公孙大娘舞西河剑器，自此草书长进，豪荡感激，即公孙可知矣。

昔有佳人公孙氏，一舞剑器动四方。

观者如山色沮丧，天地为之久低昂。

霍如羿射九日落，矫如群帝骖龙翔。

来如雷霆收震怒，罢如江海凝清光。

绛唇珠袖两寂寞，晚有弟子传芬芳。

临颍美人在白帝，妙舞此曲神扬扬。

与余问答既有以，感时抚事增惋伤。

先帝侍女八千人，公孙剑器初第一。

五十年间似反掌，风尘澒洞昏王室。

梨园弟子散如烟，女乐余姿映寒日。

金粟堆前木已拱，瞿塘石城草萧瑟。

玳筵急管曲复终，乐极哀来月东出。

老夫不知其所往，足茧荒山转愁疾。

魏晋南北朝至隋唐五代时期，这700多年是中华武术大发展时期。由于北方各民族与汉族的大融合，以及外来文化的不断冲击，"武艺""武术"这些我们沿用至今的名词，开始出现在史籍文献中。有意思的是，大致在东晋和南北朝时期，剑的独尊地位开始动摇。其标志是刀在实战中的普遍运用。刀是北方游牧民族格斗的主战兵器，受北方诸民族文化的影响，刀在中原的攻防格斗中取代了剑。而剑在武林中的独尊地位逐渐消失，练剑的人越来越少。这种局面却促进了武器多样化的发展，天下使用五花八门各种武器的武林高手纷纷出现。陇西壮士陈安，"左手奋七尺大刀，右手执丈八蛇矛，近交则刀矛俱发"，勇不可挡；隋末勇士阚凌"善用两刃刀，其长丈，名曰拍刀"；五代时楚将姚彦章"善用铁槊，重百余斤，每上马盘辟，疾如旋风"，这样的记载在史书上还有很多。

　　近代武学大师万籁生少慕武侠，尤好技击，少林六合门高手赵鑫洲为其启蒙老师，修习外家功；后又师从"自然门"大侠杜心五，尽获内家功真传。他的一生中巧遇不断，前后共有7个师傅，多为奇士异人。在他青壮年之时，就精通武功、剑术，并涉及各种兵刃、暗器及江湖之学。还得到过杜心五的师傅"刘神仙"的指点，窥得"道功"奥秘。之后，他艺业大成，名震京华。1926年至1928年写成《武术汇宗》这部武林界的权威之作。他在书的中篇论及器械学时，就详细写明了我们所熟悉的"十八般武艺"与奇门兵器。

　　综合历代"十八般武艺"的内容，我们能够看出武林侠士手上武器的丰富多样，包括：刀枪剑戟，斧钺钩叉，鞭锏锤挝，镗棍槊棒，拐子流星。另外还有链、流星锤、绵绳套索、九节鞭、飞刀、飞镖、金钱镖、袖箭、匕首、铁尺、铁扇、判官笔、混元牌、三节棍、蛾眉刺、日月轮等奇门兵器。

　　侠士们出门除了随身携带顺手的兵器外，还多暗藏着一些不易暴露的小兵器，这便是暗器。

　　暗器实际上是旧时常规兵器的缩小。它们体积小，分量轻，其前端大多锋锐，可以掷出数丈乃至一二十丈远；且速度快、隐藏性强、威力大，在实战中又等于是常规武器的延伸，不等敌人近身即可实施攻击。

九节鞭

中国古代战将就很少使用暗器。武林中讲究的是单打独斗的个体较量，最多是在几个人的范围内拼杀。一对一的打斗，近在咫尺，目标清楚，这就为暗器提供了用武之地。暗器是在用长兵器解决不了问题的情况下，出现的一种便于携带和隐藏的兵器，其意义在于它使格斗简单化与实用化。

## 古代侠士的武功发展

中国武侠在历史上素有"群侠以私剑养""侠以武犯禁"的恶名，从一开始，侠就与"武"结下了不解之缘。其后，侠"以武断于乡曲"（《史记·平准书》），"武"更加普遍地成为侠的行为方式、手段或途径。武技是仗义行侠的前提，更是侠者实践恩仇的力量所在。

武学境界亦如人生。闯荡江湖，就必须要有一身过硬的功夫作为资本，进可制人取胜，退可防身御敌。由此才能建功立业。一个大侠必然拥有某种绝技，武功使他可以成功地杀人与救人，从容地面对广阔的武林和险恶的江湖。

武功、武艺、刀法、剑术、拳脚功夫、各种内功究竟是什么样的？不是武林中人当面演练出来，你是无法说清楚的。这些功夫一系列转瞬即逝的动作组合，武功套路其实就是无数次重复动作，熟能生巧之后定会产生一定的杀伤力。

中国武功是循着一个由简而繁、由约到博的过程发展的。从源头上讲，武功无论何门何派，武学竞技体系上大致分为两类：一类是"手搏"，即拳术，靠的是人体自身的能量；另一类便是"器械"，即兵器，人借助于天地造化的力量，来增强实力。两汉时期武术种类就已经多样化了。《汉书·艺文志》载有"兵技巧十三家"，其中提到了"剑道""手搏"和"射箭"，可见武功与兵器永远是武林侠士的立身之本。其变化与发展不容我们忽视。

中国原始之侠活跃的时候，曹沫、豫让、荆轲、郭解等大侠，大多依仗着他们的蛮力称傲于世。但关于他们的武功描述却是略而又略，根本无法知道他们是如何取胜的，是靠什么功夫取胜的。司马迁不擅描述武功，他的《刺客列传》《游侠列传》缺乏"武"与"侠"的结合。自唐人传奇里开始出现了神奇的侠士，侠士的功夫似乎有了出神入化的感觉，令人眼界大开。但是，这些所谓的高深武功，不过是人们的一种天真的向往而已。

中国武术门派到底有多少，恐怕没人能说得清，最保守的说法，也有数百种之多。由于武术的主要特征是它的技击，因而，套路动作在实战中就显得十分重要。武学功夫的演练也由此分为两种境界。初始阶段讲究武功套路，玩架子活，见招拆招，打得一丝不苟。高级阶段就要摒弃套路，返璞归真，推崇创造性地自由运用和行云流水般地发挥。真正的武学巅峰，是能妙参造化的境界。中国无论哪一个武侠，无不是在极其艰难险阻的情况和背景下完成"技艺"与"境界"的武功修为的。这种千辛万苦的练功历程，体现了人在对于人体极限的认知过程中突破了自身局限性，发掘出人体内部潜能的渴望和毅力。

武侠的武功并非在武侠诞生时就很出色。战国及秦汉时代的侠大多并不精通武功，或粗具武功并不出色。像卿相之侠中的战国四公子，布衣之侠的鲁仲连、唐且、侯赢、毛公、薛公、朱家、郭解等人，不会武功。刺客之侠中的豫让、荆轲等虽曾以武行事，但不是第一流的武林高手。名震千古的大侠荆轲有些技击本领，在秦廷上手执匕首追得秦王绕柱子逃窜，但未碰到秦王一根毫毛。在左腿被砍断后，用匕首向秦王掷去，可是没有击中，只击中在铜柱上。《史记·刺客列传》末尾写道："鲁勾践已闻荆轲之刺秦王，私曰：嗟乎，惜哉其不讲于刺剑之术也！"后来陶渊明也慨叹其："惜哉剑术疏，奇功遂不成。"可见其剑术也并不怎么样。

古代武侠武艺高强起来是在唐宋以后，这是由中国民间武术发展的总体背景所决定的。在唐代，由于武则天时实行了武举制度，统治者倡导练武，促进了群众的练武活动，民间出现了练武组织，出现了比武活动。武术套路技术向成型化、完善化发展，器械向多样化发展。唐代已有气功、硬功、轻功的记载。唐代武术在民间的空前发展，促进武功高超的武侠的大量出现。宋代民间练武活动有了进一步发展，由于商业的繁荣，在城市的街头巷尾出现了大量的武艺表演。元代统治者严厉禁止民间练武，但民间的武艺并未绝灭，民间仍有以秘密家传方式冒着生命危险暗中传授武艺的。在元杂剧中出现了"十八般武艺"这一名称。明代民间练武活动有了更大的发展，出现不少武术专著。"十八般武艺"在明代也有了具体内容，逐渐规范化。清代统治者禁止民间练武，但一些秘密帮会成员在暗中进行练武，如白莲教、天地会等。另外，由于农民起义频繁，练武的组织以"社""馆"的形式大量出现，使武艺在"社""馆"的内部有机会得到交流传授和发展。清代还出现了大量的镖行、镖局，有高超武功者才能成为镖师。镖行、镖局除了走镖业务外主要活动就是练武，对镖师进行武术强化训练。

清代民间练武的景象盛况空前。明清以来，武林中素有"北少林""南武当"之说。民间武术技艺也达到了封建社会的最高水平。太极拳、八卦掌、形意拳、劈挂拳多在清代形成。《拳经》上说："吾国技击之学，发端于战国，昌明于唐宋，盛极于明清。"唐代以来武术在民间的空前传播，使武侠得以掌握高超的武功，给武侠提供了更加强有力的行侠手段。纵观中国侠士活动史，可以发现中国古代社会的前期和后期侠士的侠义行为各有特点。中国古代社会前期的侠士主要是以其一诺千金、慷慨赴死的精神力量来行侠，而名垂青史；后期的侠士有相当一部分是身怀绝技神功，以此做出除暴安良、铲奸除恶的大快人心的壮烈之举，从而扬名立万。

武侠的施武场合或在险恶之地力敌群寇，或深入虎穴除奸，或在街市惩治奸恶，全凭自己的意志行事。武侠往往具有多方面非凡的武功，或拼杀格斗，或打暗器，或穿房越脊，或飞檐走壁，几乎无所不能。

山西平遥古城中国镖局

##  古代侠士的徒手格斗与大力神功

徒手格斗是传统"十八般武艺"中的"白打"，是武功中的基本功。很多武侠都有此神功，因为他们都是各武术门派中的高手，或是武术大师。如明代武侠张松溪是内家拳高手，清代武侠董海川是八卦掌大师，清代津门大侠霍元甲是迷踪拳高手。具有此项神功的武侠是各有绝技，各显神通。

###  1. 劲力强劲，出奇致胜

《宁波府志》载，明代嘉靖年间著名武侠张松溪极擅内家拳法。在抵抗倭寇时，因少林僧人自大狂傲不服而与之交手比武，"松溪袖手坐，一僧跳跃来蹴，松溪稍侧身举手送之，其僧如飞丸陨空，坠重楼下几死，众僧始骇服"。张松溪稍一伸手就将奔跃而来的和尚击出几丈远，摔在二层楼下，可见其极为厉害。

### 2. 借力打力，以巧取胜

有的武侠高手在与对方交手时，巧借对方之力，轻而易举取胜。清代江宁著名武侠甘凤池善用此招法。《清史稿》记载："康熙中，（甘凤池）客京师贵邸。力士张大义者慕其名，自济南来见，酒酣，命与凤池角，凤池辞，固强之。大义身长八尺余，胫力强大，以铁裹拇，腾跃若风雨之骤至。凤池却立倚柱，俟其来，承以手，大义大呼仆，血满靴，解视，拇尽嵌铁中。"这场较斗中，甘凤池面对的对手凶猛异常，腿上的功夫十分厉害，其脚趾还裹着铁甲，如被踢中不死亦残。甘凤池以逸待劳，眼疾手快，接

董海川

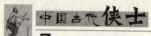

住对方的飞脚，稍稍一按，就捏扁了对方脚上的铁甲，使其脚趾全都深深嵌进了铁甲壳中，让其自讨苦吃，也见出甘凤池手上有千钧之力的神功。

 **3. 擒拿格斗， 武功精湛**

有的武侠身有神力，善于格斗擒拿。清光绪年间，避居在奉天的侠女邓剑娥就擅长格斗擒拿，身手不凡。1900年，沙俄军队占领我国东北。一天，一俄军头目四出掠俘女子，闯入邓剑娥的住处。他见邓剑娥貌美，便打算将她劫走。邓剑娥微笑说："你如能抱起我，我便跟你走。"俄军头目抱住邓剑娥，用尽平生之力，也不能动其分毫。邓剑娥身体稍一用力，那个俄军头目就摔出十余步远，趴在地上。俄军头目大怒，跟随的士兵一齐上前捉拿邓剑娥。邓剑娥挺立如故，稍一出手，近前的俄军士兵纷纷倒地。俄军头目拔出手枪，准备对邓剑娥开枪，被邓剑娥一把夺下，把枪放在右手，左手夹起俄军头目，臂一用力，俄军头目立即匍匐在地。邓剑娥用脚踏住其脊背，俄军头目如同断了脊梁骨的癞皮狗，连连求饶。邓剑娥赤手与行恶的俄军官兵相搏，如同老鹰搏兔，其精湛武功令人惊叹。

武功更为高超的武侠还能够赤手空拳战胜众多手持武器来搏的武林高手。清咸丰年间河北大侠董海川避乱山中得到道教修炼术的启示，后来结合武术攻防的招法，创编出一套八卦掌的拳法。他的武术具有"绕圆走转"的运动特点和"以动制静"的技击特点。一些知名拳手相继来较量，均被董海川击败。据董海川碑铭载："十数武士围攻，手到皆疲""更有剑戟专家，特与公赛，公赤手空拳，夺其械，踏其足，赛者皆靡""尝游塞外，令数人各持利器，环而击之，先生四面迎拒，捷如旋风。观者群雄无不称为神勇"。董海川徒手格斗的神功可以说达到了最高水平。

 **4. 大力神功， 力大无比**

武侠中多有大力士，有远超于世人的非凡神力。元代陕西的侠义之士邓弼，身高七尺，力大无比。有一次，邻居家的两头牛抵架，正斗得难分难解，家人毫无办法。邓弼见此，朝牛脊梁骨上猛击一拳，牛立刻骨折倒在地上。市场门旁有个石鼓，十个人都抬不动，他能用双手搬起来行走。清代江宁武侠甘凤池虽身材矮小，却极有神力。一次，他外出见到田畔有两牛相斗，四角相抵不可开交。甘凤池用两手慢慢压牛脊背，两牛都陷入泥土中数尺之深，辗转不能动。牛主人一再请求甘凤池将牛弄出来，甘凤池就将牛从泥土中慢慢提出，像提小鸡一般。还有一次，甘凤池酒后走到岭上在一山石上歇息，一白额虎从林中跃出，直扑甘凤池。甘凤池举臂迎击，仅一拳，虎便倒地而毙。

## 知识链接

### 船夫神力惊恶僧

清吴炽昌《客窗闲话》中记载了一个有惊人神力的船夫以神力解人危难的事迹。说此船夫为浙江海昌的游方医生王某驾船，王某在一年前遇到一个大力凶僧手托百斤石钵在集市上用武力索钱，王某将钵掷入街心，钵碎僧逃，得罪了凶僧。这次王某置办药材在姑苏城寒山寺登岸后，恰遇去年托钵勒索的凶僧。凶僧邀王某入寺会其师，王某当即答应。王某归身后却潸然泪下，自认难逃此劫。船夫闻此，愿以弟子身份共同前往相助王某。二人入寺后，群僧凶相毕露。凶僧邀王某至后花园比武较量。与后花园相连接的检阅武功的大殿气势雄伟。船夫至此脱下上衣，说是怕衣服丢了，奋力将大殿后柱抱起，把衣服放在了柱子下面。这时屋宇震动，砖瓦齐鸣。众僧被其威势所吓，将他们请入方丈室，以礼相待，隆重送出寺门。

武侠身体各部位都有神奇的功力，不仅是手足有千钧之力，就是口、牙也力量非凡，能咬金断铁，有强大的击发力和杀伤力。清乾隆年间，山东东昌府聊城县镖师窦某的女儿窦小姑身上各处皆有神力。她一次押镖路过河北地界时，遇到一伙人多势强的强盗抢劫，劫走了镖车。窦小姑用弹弓发铁珠射敌，百步之内横下了十几具尸体。强盗头子见无法抵抗窦小姑，便喝退手下人，请窦小姑进山寨，摆上酒宴。强盗头子用匕首叉起一块肉，起身对窦小姑说："小小一点敬意，请不要客气。"想借窦小姑张口接肉之机将匕首插入她的喉咙。窦小姑张口一接，将匕首尖咬断半寸，抬头见梁上燕子吱吱叫，随口一吐，燕子应声落地。强盗头子吓得面无人色，赶紧谢罪。又赶紧把抢劫的镖车送还。窦小姑之口能断匕射燕，足见神力不凡。

##  古代侠士运用兵器与暗器的神功

武侠高超卓越的武功主要表现在运用兵器上。武侠使用兵器之功之精之绝，都是一般习武之人难以达到的，达到超凡入化的境地。

武侠所使的兵器以短兵器为主。古代兵器中的剑有"百刃之君"之称，武侠用剑者较多，因此人们也常把武侠称为剑侠、剑客。用剑之侠多有神奇的剑术。

清代雍正、乾隆年间，蜀地有一名叫金飞的剑客，曾于甘、陇之地学剑，有着惊人的绝技。一次给弟子表演剑术时，事先让人把一些豆子染上红粉和黑粉，让众弟子抓起成把成把的豆子一齐向他身上抛去。他用剑迎击，将抛来的豆子全部击落，没有一粒能沾身，身上没有沾染上一星半点的红色和黑

十八般兵器

色。他命人检查被击落在地上的豆子，结果每粒豆子上都有剑击的痕迹，众人大为惊叹。

清初有位活动于河南一带的使用大铁椎的武侠，武功也超凡绝伦。他没有留下姓名，人们根据他使用的武器就称其为大铁椎。他使用的铁椎有四五十斤重，铁椎的柄有铁链折叠环绕着，能拉一丈长左右。因为他常从强盗手中夺取白银，故与强盗结仇。一次，众强盗约他决斗，他应约在黑夜的荒野中独斗一百多个步马强盗。战场上，先有一贼提刀突奔大铁椎，大铁椎大呼着挥椎，贼应声落马，人和马都被铁椎砸裂了头。众贼包围着向大铁椎进逼猛攻，大铁椎挥椎左冲右杀，铁椎呼呼飞舞，如蛟龙入海，像流星赶月，杀得众贼纷纷倒地，杀死 30 多人，众贼败退。大铁椎呼啸一声，在滚滚尘土中奔驰而去。从这场惊心动魄的大厮杀中见出他非凡的挥椎之功。

武侠中也有使用长兵器的，也具有常人不及的神技。清咸丰年间，无锡的侠士蒋志善，擅使长枪。他在舞枪时，让人取一盆水，向他身上泼去。只见他人和枪已经形成了一个直径达四五丈的白色光圈，泼的水一点也进不去，纷纷如雨点般飞溅出来，将泼水者淋了一身。舞枪的蒋志善停了下来，光圈一下子没有了，再看他身上一滴水也没有。这种枪术堪称天下一绝。

古代行走江湖的武侠大都极擅长使用暗器。暗器具有携带方便、隐蔽难测的效果。在一丈以外，百步以内，可以信手发出，其功效非刀剑枪棍所能比拟。在中国传统武术中，一般有 30 多种暗器，有绳镖、脱手镖、袖箭、飞刀、飞蝗石、飞爪、飞叉、梅花针等。特别是镖师，护镖时常常在极险恶之地遇到众多的盗匪抢劫，身临绝境，在这生死存亡迫在眉睫之际，镖师之侠常使用暗器制住敌手，从而转危为安。

武功高强的侠士，还能使用一些不是暗器的暗器，同样具有神奇的功效。据《虞初广志》载，清乾隆年间，北京有个做官的四川人，想将数十万两白银运回故乡。因路途多山路，恐遭不测，就往前门某著名镖行请来镖师。不巧，众镖师都被人请走了，镖行主妇说让自己的十岁出头的小女儿承担此次保镖任务。少女上路时，骑一头黑驴，不带寸铁，不带随从。路过潼关盗贼出没之地时，少女命停车，指着道旁的一家客店说要在这里歇息。一伙人进了店里，见到店内有好多彪形大汉，满面杀气，眼睛都虎视眈眈地盯住装银两的车子。少女镇静如常，毫不在意。少女要了一间上房，命令将银子放在房内，其余人别居他室。到夜晚，少女让众人都去睡觉，自己要了一壶茶和一些零食，关上房门。三更时，少女屋顶站满了强盗，少女仍在悠闲地喝茶吃零食，好像一点儿也没有发觉屋上有人。一会儿，强盗在屋顶移瓦，从空洞里朝下窥视。这时只见屋内的少女喝完了一杯茶，用力一放，杯子震碎成了一堆碎片。少女一只手拿零食吃，一只手拈着桌上的碎瓷片朝上弹着玩。碎片弹完了，她也就灭烛睡觉。外面人看到那些强盗仍保持张目下窥的姿势，也未在意。天亮后，少女开门，叫众人上屋顶收盗贼的尸首。众人半信半疑地爬上屋顶，只见强盗们仍是老样子趴在屋顶上，再仔细一瞧，这些强盗早都死了。强盗身上也看不出什么伤痕。仔细检查，才发现强盗眼睛里有一个小血点。原来这些强盗都是被少女用杯子的碎瓷片弹入眼睛贯穿脑中而死。众人惊叹不已。此少女的暗器不用事先准备，就地取材，又有极大的杀伤力，更为奇绝。

## 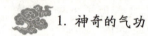 古代侠士的气功、点穴与其他神功

### 1. 神奇的气功

气功是人们所练的内气运行之功。古代的习武者除练各种武功外，还兼练气功，并将练武功和练气功结合起来，使身体产生抵御外力或向外施力的强力。据《郑板桥笔记》记载："湖北魏子兆……遇少林寺僧授以练气运神之诀，魏习之数年，周身坚硬如铁。"古代武侠中有许多人都练过气功，有的达到了极高的水平，成为绝技神功。

清代江宁武侠甘凤池有神奇的硬气功。《清史稿》卷五〇五说他："手能破坚，握铅锡化为水。"《清代述异·甘凤池》中说他："手握锡器，能使熔为汁，从指缝中流出。"他运气于臂，能抗几千斤的重压。

据陈作霖《金陵通传》记载：驻扎在江宁城内的一些自恃勇力的好事官兵，很想试试甘凤池的本领。一次，他们邀请甘凤池到营中表演技艺。甘凤池笑着把胳膊平放在门口的一块条石上，叫人赶牛车用轮子辗压。这样来回辗几十次，胳膊竟"了无伤痕"，观者无不骇服。

清代嘉禾县有一位姓金的镖师之侠，人称金镖客，有更神奇的气功，能运气将击来的兵器反弹回去，名震江湖。一次，他在一艘强盗的船上为了救一位公子，晚上睡觉时与公子换了位置。强盗头子用斧头砍他的头，不但没

有砍伤他，反将斧头弹了回去，使强盗头子的头受了伤。他向外施气的功夫更为奇绝。他老年回到故乡，故乡中有个会拳术的轻狂少年想凭自己年轻力壮，打败金镖客来扬名。一天，天下小雨，轻狂少年来到街上等待金镖客。金镖客打着伞，穿着木屐来到街上。轻狂少年偷偷来到金镖客的身后，用右手抠他的臀部。金镖客立即运气到达臀部，夹住那个人的手，使他抽不回去。金镖客故意装作不知道，慢慢在街上行走。众人见那轻狂少年脸色都变了，就一起拦住金镖客，向他赔礼道歉。金镖客这才松开臀部，那人被弹出一丈多远，趴在地上起不来了，手指、手臂都青肿了。后来金镖客送给那轻狂少年三丸药，那少年服过后，泄下一升多血，病虽好了，可是右臂从此没有力量了。这种气功的威力确实厉害。

还有的武侠有从外界纳气然后施气的神功。《清稗类钞·技勇类·卢幻山以力还人》篇记载，宜兴有位会神奇气功的侠士卢幻山，一次有事到乡间去，在路边一处绿荫下歇息。此绿荫中有口井，有几个轻薄少年赤身裸体歇息在井架上和树上。卢幻山劝裸体少年说，天气虽然很热，但此处临近大路，往来的人很多，光天化日之下，赤身裸体实在不雅，应在腰间围布，遮蔽住私处。众少年闻听此言怒不可遏，一齐上前，围住卢幻山，对其拳脚相加。卢幻山蹲在地上，一动不动，任凭众少年殴打，直到众少年觉得解气了才罢手。卢幻山知道这些人不可理喻，便拂袖而去。众少年忽觉四肢无力，活动困难，十分害怕，踉踉跄跄回到村里，将此事告诉村里人。一老者想到那个挨打的人肯定是卢幻山，急忙到城中登门向卢幻山谢罪。卢幻山笑着说："他们把全部力量都赠与老夫，让他们自己来，我还给他们就是了。"老者带众少年到卢幻山处，卢幻山对众少年说："要还给你们力量，你们赶快上来打我。"说完蹲在地上等待挨打。众少年相顾失色，不敢动手。卢幻山再三催促，说："你们不要害怕，前日你们打我用了多少力气，今日仍然还要用那些力气来打，你们的力气才能恢复。"众少年跪在卢幻山周围，对其轻轻击打，觉得有一股气从自己的指甲进入体内。一会儿觉得这股气遍布周身，筋骨舒展，身体恢复如初。卢幻山教训众少年今后不可胡为，众少年唯唯受命。卢幻山的这种气功神奇至极，在众少年殴打他时，他运功吸去了众少年的力气；后来又让众少年再来打自己把吸来的力气再还给他们，这种吸纳功夫真是闻所未闻。

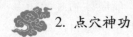

## 2. 点穴神功

点穴是武林中人在技击中用点穴术击点人体的某些穴位，使被点中者立即失去反抗能力的一种神奇武功。这种武功很有威力，被点中者轻则暂时不能活动，重则会伤残或死亡。武侠中多有善此功者。

清代浙江的侠士王来咸便有此神功。《清史稿》载："来咸为人机警，不露圭角，非遇甚困不发。凡搏人皆以其穴，死穴、晕穴、哑穴，一切如铜人图法。有恶少侮之，为所击，数日不溺，谢过，乃得如故。"他惩治恶少时用点穴法闭住其尿道，可见他对此术非常精通，运用起来随心所欲。他使用点穴术用得特别神速，使被点者防不胜防。有一次王来咸与著名学者黄宗羲同游天童山，遇到一个不讲道理的和尚少焰。少焰膂力过人，对付四五个人不在话下。他以为王来咸可欺。不料刚要接近王来咸，还未来得及施展他一身的蛮力，就被王来咸点中穴位，疼痛难禁，使不出半点力气。从他的快速点穴和高点中率来看，足见他的此功之奇。

清初上海的武侠褚复生也极擅长此法，他用点穴术为当地除去一害。褚复生居住的乡里有一个外号"独骨"、名为张擎的地痞流氓，长得虎颈铁肋，胸阔腰圆，会武术，能力举千斤。他仗着这些本事，经常在集市上横行作恶，众人不堪其扰，便请褚复生为民除此一害。在一次酒宴上，两人见面。酒过两巡，张擎就捋拳作势，摆出架式，夸耀自己的勇力。褚复生用筷子在他胸口轻点一下，轻声说道："你不能坐下来说吗？"张擎应声坐下，直到酒席结束，始终一言不发。一会儿张擎告退而去，第二天张擎浑身变色，青如蓝靛，不治而亡。原来褚复生用筷子轻点"独骨"时，用点穴神功点中了他的要害。

行走江湖的侠女也多擅此功，便于防卫护身。清代无锡崇安寺有一位使拳卖艺的少女很精通点穴功。一次她在手持藤盘向观众索钱时，一个无赖少年想调戏她，对少女戏言："钱在囊中，可自取之。"少女不以为戏，伸手取钱时，无赖少年来摸她的胸部。少女正色斥责道："不要这样！"就用手轻击其肩，只这轻轻一击，少年身觉如触电一般，从肩到背一直到脚跟，感到一种不可名状的难忍之痛，一下子坐在地上，旁人连扶都扶不起来。最后由少女的父亲为无赖少年解了穴道，恢复了活动能力。

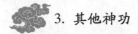 **3. 其他神功**

武侠除了有上述神功外，还有其他种种神功。

武侠大多还都有飞檐走壁、穿房越脊的神功。因为武侠要常常深入豪门深院、官衙监牢，去救人于困厄，去惩恶除奸，非有飞檐走壁之功难以完成行侠重任。他们在登高越障之时，都是身轻如燕，体捷如猿，动作神速，悄无声息，进入何种的高墙深院都是如履平地。《清稗类钞·技勇类·某少女与盗角飞檐术》篇记载了燕赵之地的一位侠女的飞檐走壁的绝技。一大盗进入一侠女住处，欺侠女为女流，想炫耀自己的功夫，对侠女说："我有绝技给你表演一下。"说完，就登着墙壁往上走，就像登梯子一样，到顶后，翩然跳下，对侠女说："这是飞檐术。"侠女嗤笑道："你就这种本事吗？"说完也轻足登墙壁而上，登到顶，又转过身来，身体贴着墙壁，一步一步走下来，然后对巨盗说："和你的本领相比如何？"巨盗见此情景，慌忙跪地求饶。侠女将其一把抓起，远远地投掷到窗外。

有些武侠还有在重械被囚的情况下的脱身奇功，轻而易举地从监牢脱身。他们的脱身奇功包括飞檐走壁之功、缩身功、轻功等神功的综合运用。清代嘉庆年间活跃于广东一带的大侠白兰花有此神功，并以此功来行侠。一次，一个作恶多端的朝廷特使到了广东，白兰花为对其警告，就潜入其住所，将其发辫剪掉，还在其枕上插上一枝白兰花。这位皇使知道此事为大侠白兰花所为，就严命总督在一定期限内抓获白兰花。总督抓不到白兰花，就以另一名盗犯冒充白兰花，绑赴刑场，准备将其杀掉以平皇使之怒。将行刑时，白兰花为使那个盗犯免于挨刀来到刑场，主动说自己是真正的白兰花。官兵将其捉住去见总督。总督询问白兰花的所做所为，白兰花大笑，直认不讳。总督担心他逃走，命人用布匹把他裹了个里三层外三层，外面又缠绕铁丝，投入牢中，准备第二天处刑。行刑之日，这时的囚犯忽然大叫起来："我不是白兰花，我是狱卒，不要杀我！"监斩官找人辨认，确为狱卒，问其缘故，狱卒说道："昨日白兰花进牢，我小心看守，天将亮时，疲倦过度，打了个盹，没想到醒来却在刑场上，这真冤枉呀！"监斩官只好把狱卒放了。白兰花主动入狱是为了揭露官府进行的冒名顶替的杀人行为，是一位勇于伸张正义的大侠。他能神不知鬼不觉地从布匹和铁丝的重重绑缚中脱身，轻而易举地走出牢狱，其脱身之神功真是鬼神莫及。

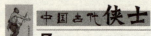
历代正史中很少有关于侠士的神技武功的记载，侠士的武功神技主要见于野史。野史中对这方面的记载有些地方难免有过分夸张之处，但有些内容还是较为可信的。

第二节
铁血丹心——武侠文艺与侠士生活

武侠文艺是指涉及以武人、武林、武侠为故事内容的文学艺术作品，且称之为武侠文艺，包括武侠小说、故事、鼓曲、评书、戏剧以及现代的影视作品等类别。

##  武侠文艺传千古

武侠文艺或可说是我国独有的文化现象。历史之悠久，数量之众多，形式之多样，影响之广泛，世界各国无可相比。我国的武侠作品，动不动就是几十上百回，几百万字，成系列有规模。像《三侠五义》之后有《小五义》、《续小五义》，还有《续续小五义》。一续再续，没完没了。可说是当今影视剧热拍续集之鼻祖。

### 1. 武侠故事的虚实相间

武侠文艺描写的是发生在武林中的故事，是发生在武人身上的故事，有实写有虚构。从内容上看，大致可分这么几类。

第一类是写清官加侠客。典型作品是《三侠五义》。它以包拯这位历史上的名臣为中心，总领南侠、北侠、双侠、小侠，以及"五义"等大小侠客为民除害、为国锄奸。侠客们先是纵横江湖之间，或偶入京师，戏盗御物，展现才能。而后先后倾心包拯，投诚效力，协助包拯代表的朝廷，诛杀强匪叛王，人民大安。《三侠剑》《小五义》《英雄大八义》《英雄小八义》《七剑十三侠》等皆属此类。《彭公案》《施公案》等公案小说，也基本是同样的路数。即以某个真实的人物如包拯、彭朋、施仕伦为线索，将虚构的人物、故事串联起来。

第二类是描写侠客与盗匪、镖师与绿林、帮会门派之间、官府皇室内部的纷争。如金庸的《笑傲江湖》，描写的是拳种门派之间的争斗。《倚天屠龙记》描写的是拳种门派与江湖帮派之间的争斗，夹杂着元朝王室内部的矛盾。这类作品多把虚构的故事放在一个真实的历史背景当中，就如《神雕侠侣》的故事发生在蒙古入侵中原，《倚天屠龙记》的故事背景是元末农民大起义。由于作品重在情节的曲折悬念和人物感情的描绘，真实的环境背景将正义与邪恶的斗争紧扣在民族冲突、家仇国恨的主线上，故事显得真实可信，从而引人入胜。

第三类注重史实和传说的结合。故事在真人真事的基础上加以发挥。如平江不肖生的《侠义英雄传》，记述的是霍元甲、大刀王五的事迹，辅以太极

包拯雕像

宗师杨露禅、吴鉴泉等人的传说和近代武林的掌故传闻轶事。所写人物，多实有其人，所写故事，即使虚实参半，主线也基本有依据。"虚构夸张"多用在具体情节描写中。近年的武打影视《霍元甲》《黄飞鸿》《叶问》《李小龙传奇》等，似应属于此类。

第四类则是完全脱离现实，以具有怪异法术的剑客为主要人物，将神魔与武侠结合。剑客们虽然也具有行侠仗义、抱打不平的侠义行为，但故事情节匪夷所思，超人本领荒诞不经。《济公传》《仙剑奇侠传》应属此类。这类作品故事虽然荒诞，主题仍是正义战胜邪恶，故此也极受欢迎。如还珠楼主的《蜀山剑侠传》，专叙剑仙斗法，人剑合一，及空中飞行、掌心发雷的功夫。武术被描述成为法术。海可煮沸，地可掀翻，山可役走，人可化为兽，天可隐灭无迹，陆可沉落无形。风霜雨雪冰，日月星气云，金木水火土，雷电声光磁，都可以收摄其精英，炼成各种凶杀利器。

## 2. 武术武功的真真假假

武侠文艺少不了描写武术功法、武术技术、武打场面，而且会浓墨重彩，着笔细腻，绘声绘色，活灵活现。

早期武侠文艺关于武术的描写多较为实际。一拳一脚一打一戳，基本符合武术动作规范，使用武术术语也较为准确。至于飞檐走壁、旱地拔葱一类的轻功，瞬间致人丧失能力的点穴，使用飞抓的飞腾术，虽有夸张成分，但大体还有事实依据。像《三侠剑》描写的"燕青十八翻""醉八仙"的功夫，简直就是武术技术动作的描述。

到了梁羽生、金庸、古龙等人的笔下，武术被赋予了人格、性情、感情，体现出禅思、道学、儒家理念。就像"降龙十八掌"的刚正不阿，"九阴白骨爪"的阴毒邪恶，"打狗棍"的俗中见趣，"玉箫剑法"的诗乐其中，大力金刚掌的体现禅思，太极拳的体现道学，"黯然销魂掌"的蕴情其内，"独孤九剑"的孤傲情怀，"乾坤大挪移"的矛盾辩证。武功之中有情在、有义在、有理在。尤其是每种武功都有着相应的拳经拳谱为理论指导，有着极强的哲学味道。由于对拳理阐述的头头是道，让人感觉它就是一种极有根基源远流长的功法，不由人不信。这种描写把单纯的武术提高到武学、武道的高度，体现了现代习武人的一种追求，也启发了现代武人研究武术的方法和方向。武功虽"虚"而有实际意义在。

至于剑客口吐剑光，指发剑气，腾云驾雾，身怀法宝，均属怪异一类，世间无有。看个热闹而已。

武侠文艺作品与现实中的武林、武术人的关系绝不仅仅是读者与作品的关系，而是相互影响、共存共荣的关系。

 ## 古代侠士的性格特征

为侠必重气。古代侠士求公正铲不平，是调动了他们的激情和难以忤触的侠烈之气。在生活的其他方面，这种激烈的侠气，更是难以掩抑。这种专任意气，正是游侠健旺生命力的自然呈现，更是其自由个性的直接显现。并且在一个高度集权化的社会当中，它甚至还富有抵御模式化科条的反抗性色彩。正是基于这一特质，古代侠士才能在中国传统文化形态中，建树起一种特立独行、狂傲恣肆的人格风范。

 ### 1. 放荡不羁的豪爽之气

游侠的豪爽不拘，往往表现为恣逞意气，任张个性，桀骜不驯，不拘细行。一句话，崇尚绝对的个人意志和个性自由。它慷慨至于抹去常态，任情至于矫枉过正，惟快意恩仇是求，有恩怨而不问是非。当其行侠一日，便以义气当先，发扬张厉，无毫发滞者，其他科条根本不足对其言行有任何匡饬作用。正是基于此，班固谴责他们"放纵不拘"，并对他们"放意自恣，浮湛俗间"（《汉书·游侠传》），明显表示不满。然在他们而言，平居负气偭傥，意气弥厉，为人疏慢，不知约检，纯然是一种喜好、一种习惯，乃至是一种天性。那种折节矜饰，力求静重厚默、端方和粹的人格风范，或许可以得到社会大多数成员的交口称颂，在他们看不过是龌龊小儒所为，是所谓小廉曲谨，绝谈不上绝美风姿。

### 2. 真率秉直的浩然之气

这是一种真率的情性流露，又是一种正直的品格要求，执此一端，我只作我。他们平日里与人相交，若意气相投，则倾其所有，也无足惜，乃至片言可以托生死；若不当意，则不屑一顾，视之为庸流，或干脆白眼相向。基

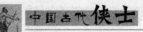
于此，他们极其鄙薄面谀背毁、里外不一的虚伪矫饰，眼里容不下一粒沙子。人有所长，赞不容口；人有不善，必尽言无隐，面折其过，不留些许余地。至于与人稍有忤触便疾言遽色，狂叫怒骂，更是惯常之事。他们宁负发狂之名，也不会忍气吞声，低首顺眉。总之，他们宁可得罪人，甘冒天下之大不韪，也不愿对自己的个性有所修正。

## 知识链接

### 耿直的宋克

明初，大诗人高启的朋友宋克，以气节闻名。他生性耿直，好与人争辩，且辩必求胜。朋友有过，他会当面指出，不留情面；如果有谁冒犯他，他决不隐忍，会当场斥责，但事后倒不会记恨于人，也是这样一位耿直的侠士。当时有两个武将，依仗权势，常常无事生非，殴辱士人，一时人莫敢近。其中一位邀宋克喝酒，有人怕其喝醉后行为会更粗暴，劝宋克别去。宋克非但去了，还高谈阔论，将那武将教训了一顿，令其肃然拜服。而另一武将在小酒馆偶遇宋克，见宋全然不将他放在眼里，便择日带了一批武士，尾随其后，以示威胁。宋克毫不畏惧，缓辔而行，并不让道。那武将服其伉壮有正气，第二天竟央人带他前来道歉，还请求交个朋友。

古代侠士的这种纵放意气，雄豪刚烈，坚执真我，傲然独立，使得他们的个性品格、处世方式和道德境界，都呈现出一种与众不同的超凡特质。

## 无情未必真豪杰

古代侠士在情感方面有一个突出的特点，就是具有明显的性别界限。在早期的游侠原型中，还没有见到对诸如"侠不近色"的强调，但此后类似的规定就被明确地提了出来。如元代罗春伯提出的"任侠十三戒"中，除战、仇、恩、施等方面要则外，第七戒就是色，规定"色不亲二，酒不染面，于道路不许视人之妻女，无嗣然后告天地父母娶妾"。所以，一般侠士的结交活动，都毫无例外地在同性间进行。这种结交有出于实际利益的考虑，但大多却是以情感相号召的，即所谓的"士为知己者死"。这"知己"大概有两层意思：一是气味相投，结交双方在气质趣味和理想层面上具有某些共同点，因而相互倾慕吸引，投入感情，并在此基础上建立起理解和信任；另一层意思则是由知遇之恩而来，即往往是一方在困厄落魄之际，受到另一方的发现、肯定和提携，由此自身存在价值获得认可，并渴望做出某种回报行为。无论是哪一层意思，其情感需要的成分要远远大于理性的成分。因此，在整个封建社会，侠士这种同性间的情感纽带，被强调为人们建立社会关系的重要基础，并被形象地赋予了某种血缘般的然而是天然平等的特征，它一般化为兄弟义气，成为中国平民社会特有的组织原则。

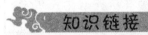　知识链接

---

### 罗春伯《任侠十三戒》

一曰战。与日战不移表，与神战不旋踵，与人战不达声。葰邱訢所以眇目。《汉书》曰："东市相訢杨阿若，西市相訢杨阿若。"

二曰仇。君父之仇，不共戴天；兄弟之仇，不与同国；朋友之仇，不与同市。郅辉曰："子在，我忧而不手；子死，我手而不忧。"

三曰恩。恩莫大于知己。知己之遇，人生所难。终饭之惠必报，宁过无不及。豫让曰："彼以国士待我，我以国士报之；彼以众人待我，我以众人报之。"

四曰施。施恩于不报之地。以情察之，勿以事拘；勿施非类，勿施浮屠。

五曰委质。亲在不敢许人以死。择主而事，待价而沽。既委质后，六曰

---

交。忧人之忧，乐人之乐。清浊无失，使人各以我为私己。四豪万计，不若田横五百，其同类犹当重之。

七曰色。色不亲二，酒不染面，于道路不许视人之妻女，无嗣然后告天地父母娶亲。

八曰艺。或剑，或铗，或钩，或匕首，或弹丸，五者习一。用小牌上写"辞受取予"四字，背书"侠"字，旁书名。上侠以金，侠侠铜。远方相遇，馈赆假者，手刃之。

九曰勇。毋畏万乘君，毋畏祸宽博。毋叛本国，毋拜夷狄。毋凌贫贱，毋谄富贵。饿死不劫盗。

十曰扫除不平。即探得赤丸杀武吏，探得黑丸杀文吏。不于己事，凡奸臣贼子俱得而诛之。风俗败恶，皆得直书于清议。

十一曰乐。三市斗鸡，五陵走马，奇美衣服，酒肆结客。一言相合，系千乘而弗顾，弃千金如脱屣。

十二曰信。一言授受，千里命驾。虽心胸之间有未知之事，亦不可以欺人。

十三曰神。以孟尝、平原、信陵、田横为四神，随意祠一，不祠春申君。祭以端午日，用鸡。

有犯戒者，或挞，或刃，俱告于神，而后刑誓。

在侠士的人格要求中，这一点被强化至为英雄气概的重要保证。侠士对异性在感情上的排斥，实际上成了区别其是否属于侠这一特殊人群的一条标准。究其原因，还是由于他们在缔结人际关系时，是以排拒异性为首务的。不管是出于毁谤、误会还是自愿，凡要将他们扯入异性的情感世界，几乎都会被认为是对他们的一种玷污。

自唐以来，历代武侠小说中，我们基本看不到侠士为自己所爱的女人甘冒风险、舍身忘死的描写。事实上，中国小说中，侠士往往对异性很冷漠。这一特点显然不会仅出自作家一己之想象，它多少反映了一些历史真实，乃或基于这种真实。在历代载籍中，我们很少看到有关于游侠家庭生活实情的描写，游侠的夫妇生活、爱情生活，更是鲜为人知。

侠士当其行义时，或需冲冒风险，挺剑攻击，江湖路即不归路，不可能有常人一般有的情感拖累。惟此，他们不仅不敢恋栈于私情，即使父母、兄弟之情，也被处理得很低调、很疏远，乃至只身分出，不相往还。而其平居，以义气相感，恩怨相结，这种义气恩怨的发生对象，也少有可能是异性，而多为同性，且是同性中同样情怀激烈之人。不仅如此，即使是女侠，因其性格已被侠义信仰浸润，作风已被男性侠士同化，一般也不再好与女性相交，用缠杂不清的感情做一些拖泥带水的事情。在武侠小说中，这种无情无欲，还在武功与道术修炼中找到了合理性的解释，如认为泄了童阳便无法修得上乘功力。

那么，是否身列侠林的游侠，都履践上述宗教禁忌或社会关系的发生原则呢？那也不是。东汉以来的所谓"轻侠为奸"者中，颇多放荡无行之辈自不必说，有些著名侠魁也并不以此为意。《汉书·游侠传》所载，陈遵身为河南太守，来往于诸公之间，为一时之雄，就曾入寡妇左阿君家纵酒作乐，酒酣耳热之际，歌讴舞蹈不算，还贪夜留宿，由侍婢扶卧，被认为"恶不可忍闻"。"性粗率，重任侠"的北齐卢宗道，畜妓于家，与客共享。某一次，他在晋阳置酒宴请宾客，座中有中书舍人马士达，对一弹箜篌的女妓"手甚纤素"颇感兴趣，他知道后，即要将此妓奉送，见马士达固辞，竟下令将那女妓的手腕砍下。马士达见此，只好接受了下来。

还有一个现象颇值得注意，那就是古代侠士其交往的异性对象往往多为娼妓，这是封建社会道德立法和习俗风气的影响所致。总体而言，中国古代礼法制度完备，即使在汉魏唐代，北风错杂，但男女之礼、婚姻嫁娶之礼仍颇健全。到了宋代，理学占主潮地位，男女之防，成为道德关注的重点，故异性间的交往，被限定在很小的范围之内，试图自由发展感情，几乎没有可能。基于此，一个人要发展超乎利益之上的纯粹爱情，只可能在婚外，而其时，能提供给人们实现这一点的，自然只有去妓院。惟有那里的女人，才有相对来说自由支配的情感。因此，在今天我们能看到的侠士与异性的交往情况，大多是与妓女的交往。他们与妓女相互往还，乃至结为风尘知己，上演了一幕幕"无情未必真豪杰"的好戏。

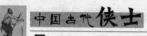
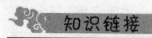
知识链接

## 宋太祖千里送京娘

明代一则关于宋太祖千里送京娘的小说中，叙述了赵匡胤在尚未发迹时，出于某种正义感，曾将被响马张广儿、周进抢掠在道观的美女赵京娘解救出来，并不辞艰险，护送她由太原返回家乡蒲州。一路上，他力战群匪，惩恶除奸，充分表现了高超的技击本领和英雄魄力。尤为人称道的是，他这么做，绝非出于什么个人的企图，因为在与京娘朝夕相处的日子里，他自始至终能以礼相待，无丝毫私心杂念。当京娘为他的英雄胆略、侠义心肠所打动，意欲以身相许时，他如蒙不洁，严辞拒绝："俺是个坐怀不乱的柳下惠，你岂可学纵欲败礼的吴孟子，休得狂言，惹人笑话！"来到蒲州之后，当京娘父兄疑虑两人已有私情，情愿招赘他以杜绝旁人的闲言碎语时，他更是盛怒而去。最终，京娘为了表明她自己和救命恩人的名节，只得以自缢明志。这一出宣扬游侠英雄本色的悲剧，演绎的是英雄救美的老故事，然而，被救的美女非但没有成为其行侠义的动力，而恰恰成为对其英雄人格的一种考验。

# 第四章

# 千古一侠——历史上的著名侠士

　　行踪不定的游侠,一诺千金的豪侠,抑强扶弱的义侠,神出鬼没的盗侠,温文尔雅的儒侠,飒爽英姿的女侠,狂放不羁的怪侠,叱咤风云的奇侠……在以武任侠的社会早已消亡的现代社会里,让我们一起追寻这些古代侠士的迷人风采。

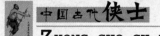

# 第一节
# 刺侠：热血激昂，拼死一搏

　　漫长的历史画卷中，对游侠刺客的勾勒穿透了泛黄的书页和漫漶的墨迹，向后人展示着一个民族的不屈和反抗精神。他们的事迹点燃了一代又一代人的激情。我们称这些流芳百世的游侠和刺客为民族的英雄。民族不能没有他们，要不然，民族就少了血性，缺了勇武，丧失了勇敢的精神。

　　刺客是指那些为了某种目的，冒险犯难，甚至牺牲生命，凭自身武技刺杀仇敌的人，他们往往是受人雇佣的，最早见于春秋战国时期。作为以突袭手段毁灭特定对象的杀手，刺客是不可一概论之的特殊人物。从历史记载上来看，他们的活动一般可以分为两类性质：一是正义的，暗杀行刺是迫于恶势力的强大不得已而为之的恐怖行为，这种以暴易暴、惩恶锄奸的结果是深受人们欢迎的；二是非正义的，就是受坏人主使，图名谋利，不辨善恶，甘于为他人利用，这种行为在近世更加突出。

## 刺侠： 以武犯禁的侠士

　　春秋之时，天子微弱，诸侯干政，各诸侯国频繁激烈的兼并和争霸战争造成了社会大动荡，出现了一种"邦无定交，士无定主"的局面。"士"这一先秦时期社会中最重要的群体，开始出现分化与蜕变，"文者为儒，武者为侠"。

　　一部分士人专门从文，致力于夏商周三朝的礼乐传统，他们的社会活动目标是要进入上层社会参政议政，改变礼崩乐坏的现状，这便是最早的"儒士"。

而另一部分士人，便从文士中分离出来，仍旧保持着尚武传统，保持着武士身份。武士大多来自平民社会，不断汲取着平民社会和底层人民的伦理观念，这样的武士组成的群体，就是处于萌芽状态的"武侠"阶层。"儒"与"侠"，"文"与"武"的分流，奠定了中国文化传统中最具影响力的两大文化传统体系的基本格局，儒家文化——上层文化的主体，武侠文化——大众文化的主体。两大集团之间相互抗衡，相互影响。

然而，真正将"武"与"侠"合二而一的是春秋战国时代的那一批死士、刺客、游侠。他们的特点便是韩非所说的"以武犯禁"。

这些被称之为"刺客"的侠者，他们带上长剑，游走四方，择主而事，为他们执行各种任务，如暗杀、保镖、看家护院，直至行军打仗。他们效力于私门，作食客，当然要充死士了。尽管他们在江湖上已经形成了侠的独特道义观念，并有了自由生长的良好土壤，甚至，他们的身上已经开始具备了侠者的风采。但是，刺客作为侠者的同时，在认识社会人事与是非观念上却缺少独立的见解与思考。这些以武犯禁的侠士由于不受名位爵禄的羁束，其活动自由度非常之大，活动能力也非同一般。

这些以武犯禁的刺客之侠，他们的突出特点是依附性，这就造成了历史上其面目的两个方面。一方面是因为有权贵的支持，他们得以历百世而不衰。

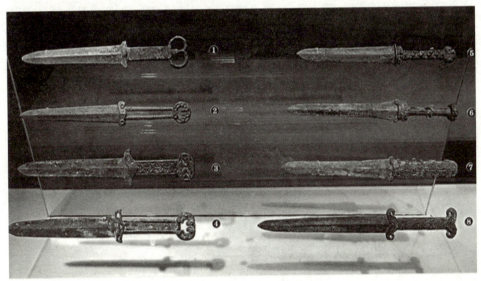

古代刺客的武器——青铜短剑

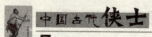
无论哪种社会条件，他们都能不绝如缕地流传下来，并发展成一股凌驾于官府朝廷之上的独立势力。另一方面是因为他们依附于人，听人之命，为别人干事，所以自身的原则并不突出。因而，也就不会有明确的侠义理论建树了，缺乏真正的侠义光彩。

从许多刺客身上，我们可以看出，他们都是平民阶层的侠士。他们不图富贵、崇尚节义，身怀勇力或武艺。因感知遇之恩而不惜以性命赠人，损身以殉，在今天看来，仍有其惊心动魄、瑰伟动人的一面。他们身上体现出了中国早期武侠的最基本的人格特征和伦理价值取向——"士为知己者死"，或者说是知恩必报，这一伦理准则一直成为后世武侠人士作为侠的基本要义而袭取，同时也成为中国大众行为规范所恪守的原则。

"士为知己者死"这种人文观念的形成，正是春秋战国时期的时代精神。感恩图报，不畏死，不爱其躯，不在事成与否，不在武功高低，而在其"不欺其志，名垂后世"。可以说，这是当时生活于社会底层的人尤其是士这一阶层的人普遍接受的观念。

于是，乱世之中，那些有识之士便有了爆发生命火光的机遇与场所。他们靠知己者的赏识和重用来实现自己的价值，靠自己的行动去获得名声。这就是那个时代侠士以武犯禁最高的思想境界。

一些刺客之所以配得上称一个"侠"字，就是因为他们义不畏死，舍生取义，感于恩义，忠于言诺，轻死生，忘安危，以慷慨激烈的情怀，用热血作拼死的一搏。刺客甘愿以性命报恩，实现人格信念和道德理想，这种重名好义的精神就是侠义精神的体现。

近代为救国救民，一些仁人志士不惜舍身冒险刺杀反动人物，以达到革命的目的。这类刺客正如章太炎所说："天下乱也，义士则狙击人主，其他藉交报仇，为国民发愤。有为鸱枭于百姓者，则利剑刺之，可以得志。""为国民发愤"，以利剑刺杀那些"为鸱枭于百姓者"，这样的刺客较之荆轲、豫让之类的古代典型刺客，在侠义精神上又高了一个层次，高了一个境界，是刺客中的大侠。

## 曹沫： 从将军到刺客

说起曹沫，此人大家可能不知道，但一提起曹刿，许多人立刻会和"一鼓作气，再而衰，三而竭"的典故联系起来。没错，据考证，这两个其实很可能就是同一个人。曹沫，生卒年不详，春秋时鲁国大夫（今山东省东平县人），著名的军事理论家。

曹沫是惟一当过将军的刺客，也是历史上罕见的刺杀成功并生存下来的刺客。当曹沫把匕首藏在衣袖里的时候，他并没有把握能够要回原本属于鲁国的土地，他只是为报答鲁公对他的知遇之恩而背水一战。这就是曹沫，一个懂得报恩的刺客。曹沫也许不是司马迁在《史记·刺客列传》描述的那样："曹沫者，鲁人也，以勇力事鲁庄公。庄公好力。曹沫为鲁将，与齐战，三败北。鲁庄公惧，乃献遂邑之地以和，犹复以为将。齐桓公许与鲁会于柯而盟。桓公与庄公既盟于坛上，曹沫执匕首劫齐桓公。桓公左右莫敢动，而问曰：'子将何欲？'曹沫曰：'齐强鲁弱，而大国侵鲁亦以甚矣。今鲁城坏即压齐境，君其图之！'桓公乃许尽归鲁之侵地。"

春秋时期的鲁国只不过是一块弹丸之地，五霸在争夺天下的时候常常视鲁国为鸡肋。不过鲁国因为出了一个孔丘，便摇身一变，成为春秋战国时期不可不提的一个诸侯国了。少年时候的曹沫没有显赫的出身，也没有什么过

刺客的武器——匕首

人的本领，只是过着游历四方的生活。直到有一天，当曹沫再一次经过家乡曲阜的时候，他遇到了他生命中的贵人——鲁国的年轻太子，后来鲁国的国君鲁庄公。太子豢养了一大批力士，这些力士个个生龙活虎，彪悍异常。每次游猎结束的时候，太子就让这些力士充当角斗士，互相搏斗。

曹沫也是五大三粗，孔武有力，他一一打败了太子手下的那些力士。于是从那天起，曹沫就成了太子的参乘。

很大程度上，鲁庄公并没有把曹沫当作他的臣子，而是把他当作自己的兄弟、知己。鲁庄公刚一登基，便顶住巨大的压力硬是让曹沫当上了将军。不过当上将军的曹沫依然是鲁庄公的贴身侍卫，每天都陪伴在鲁庄公左右。鲁庄公没有看错人，曹沫确实武艺非凡，他不仅能与力士搏斗，还精通刀法和剑术，尤其是他的飞刀，堪称一绝。

公元前 680 年，齐国出兵攻打鲁国。鲁庄公派曹沫率兵迎敌，结果连战连败。曹沫的对手实在太强大了，试想，齐桓公、管仲、鲍叔牙的强强联合，天下有几人是他们的对手？所以曹沫战败是情理之中的。这时，鲁庄公才真正害怕了，就献遂邑（今山东肥城南）的地方割让给齐国来求和。但鲁庄公没有因此怪罪曹沫，仍然让他做将军。

值得庆幸的是，鲁庄公没有看错人，在接下来的柯地会盟中，曹沫的壮举终于为鲁国赢得了尊严，并夺回了因战争而损失的国土。

这次齐国停止侵犯鲁国，条件就是鲁国割让遂邑之地给齐国，并与齐国结盟，做齐国的附属国，听齐国的指挥与调遣。齐国与鲁国约定，在柯地举行会盟，签订协议。

正当鲁公与桓公即将达成屈辱协议之时，曹沫突然一跃而起，瞬间跃上了高台。没等在高台上的侍卫反应过来是怎么一回事的时候，曹沫已经以迅雷不及掩耳之势，把锋利的短剑抵在了齐桓公的脖子上，劫持了他。桓公左右恐伤到主公，不敢动作。桓公问："你想怎样？"曹沫说："齐强鲁弱，您恃强凌弱太过分了。大王您认为该怎么办呢？"桓公被迫答应尽数归还侵夺鲁国的土地。得到承诺后，曹沫就放下了匕首，泰然自若，像什么事情也没发生似的。桓公恼羞成怒，想毁约食言，被管仲劝止。于是，不费吹灰之力，曹沫三战所失的土地又都被全数归还。

曹沫以其忠诚勇气和不烂之舌，既要回了土地，又保全了性命，可谓绩效显著。

曹沫是幸运的，他成功了。他的幸运，还得益于他遇到了管仲，于是两个伟大人物第一次交锋便成就了一段千古佳话。当曹沫的匕首透衫而出的时候，无论成败如何，那一刻已经注定被历史记住。

## 专诸： 名剑鱼肠刺王僚

侠士重承诺，轻生死，为知己两肋插刀，赴汤蹈火，以为这样才不辜负彼此一番相知相遇的情义。专诸就是这样一个侠客。

专诸，春秋末期吴国堂邑（今江苏六合县北）人，精于技击，和伍子胥、吴国公子姬光先后结为知己，刺杀吴王僚，帮助公子光取得王位，使伍子胥实现了兴兵伐楚、以报楚平王杀父之仇的夙愿。从此吴国迅速强大，称霸一时，在中国历史上写下了多姿多彩的一页。专诸，是吴国堂邑人。据《吴越春秋》记载，伍子胥从楚国流亡到吴国途中，见"专诸方与人斗，将就敌，其怒有万人之气，甚不可当"。伍子胥知道专诸是一位敢于赴难的勇士，就与之结交。伍子胥进见吴王僚后，用攻打楚国的好处劝说他。吴公子光说："那个伍员，父亲、哥哥都是被楚国杀死的，伍员才讲攻打楚国，他这是为了报自己的私仇，并不是替吴国打算。"吴王就不再议伐楚的事。伍子胥知道公子光打算杀掉吴王僚，就说："那个公子光有在国内夺取王位的企图，现在还不能劝说他向国外出兵。"于是就把专诸推荐给公子光。公子光的父亲是吴王诸樊。诸樊有三个弟弟：按兄弟次序排，大弟弟叫余祭，二弟弟叫夷眛，最小的弟弟叫季子札。诸樊知道季子札贤明，就不立太子，想依照兄弟的次序把王位传递下去，最后好把国君的位子传给季子札。诸樊死去以后王位传给了余祭。余祭死后，传给夷眛。夷眛死后本当传给季子札，季子札却逃避不肯立为国君，吴国人就拥立夷眛的儿子僚为国君。公子光说："如果按兄弟的次序，季子当立；如果一定要传给儿子的话，那么我才是真正的嫡子，应当立我为君。"所以他常秘密地供养一些有智谋的人，以便靠他们的帮助取得王位。公子光得到专诸以后，像对待宾客一样地好好待他。公元前516年，楚平王死了。这年春天，吴王僚想趁着楚国办丧事的时候，派他的两个弟弟公子盖余、属庸率领军队包围楚国的潜城，派延陵季子到晋国，用以观察各诸侯国的动静。楚国出动军队，断绝了吴将盖余、属庸的后路，吴国军队不能归还。这时公子光对专诸说："这个机会不能失掉，不去争取，哪会获得！况且我是真正的继承人，应当立为国君，季子即使回来，也不会废掉我呀。"专诸说："吴王僚是可以杀掉的。母老子弱，两个弟弟带着军队攻打楚国，楚国军队断绝了他们的后路。当前吴军在外被楚国围困，而国内没有正直敢言的忠臣。这样王僚还能把我们怎么样呢。"公子光以头叩地说："我公子光的身体，也就是您的身体，您身后的事都由我负责了。"

公元前515年四月的一天，公子光在地下室埋伏下身穿铠甲的武士，备办酒席宴请吴王僚，吴王僚派出卫队，从王宫一直排列到公子光的家里，门户、台阶两旁，都是吴王僚的亲信。夹道站立的侍卫，都举着长矛。喝酒喝到畅快的时候，公子光假装脚有毛病，进入地下室，让专诸把匕首放到烤鱼的肚子里，然后把鱼进献上去。到吴王僚跟前，专诸掰开鱼，趁势用匕首刺杀王僚，吴王僚被当场刺死。围上来的卫兵早已将专诸按倒在地，不容分说，乱刀砍死。这时，王僚手下的人一时混乱不堪，公子光趁机放出埋伏的武士攻击吴王僚的部下，全部消灭了他们。事后，公子光成功取代了吴王僚，成了吴国的新王，他就是历史上大名鼎鼎的吴王阖闾。伍子胥也得到吴王阖闾的信任与重用，最终攻破了楚国都门，鞭尸楚平王，报了大仇。这一切，皆

专诸刺王僚画像砖

是专诸的鲜血浇灌而成的。

阖闾即位后，便封专诸之子专毅为上卿，并根据专诸要求葬在泰伯皇坟旁的遗愿，从优安葬专诸，如今鸿山东岭仍有"专诸墓"存在。

"士为知己者死"，这是古代侠士的行为规范，专诸正是奉行着这一规范行事的。专诸出身贫贱，为了报答伍子胥和公子光的知遇之恩，用自己的生命换来了公子光的王位，也使伍子胥的冤仇得到昭雪。这对专诸个人来说，是个悲剧。但他对朋友忠诚好义，为人坦荡豪爽，其行侠仗义的勇武精神一直为后人所传颂。他本人虽然没有看到吴国的强盛，而被公子光作为夺取王位所利用的工具，但从历史上看，吴国是因为他刺杀了吴王僚之后才走向强盛的，因而对吴国的发展，专诸起到了一定的积极作用。

## 要离： 历史上最悲情的刺客

春秋时期，吴王阖闾坐上吴国王位后，仍睡不踏实，因为他的死对头吴王僚的儿子庆忌已经成功逃到了卫国。斩草不除根不是阖闾的性格，于是他再一次使用他惯用的手段——刺杀。这一回他利用的刺客叫要离，是其心腹大臣伍子胥千方百计为他觅得的另一个侠士。春秋历史上最悲情的刺客——要离，从此登上了鲜血与鲜花并存的舞台。

要离，春秋时期吴国人，生卒不详。要离生得身材瘦小，仅五尺余，腰围一束，形容丑陋，但他有万人之勇，是当时有名的击剑能手，而且足智多谋。要离家住无锡鸿山山北，平时以捕鱼为业。

阖闾提防庆忌不是杞人忧天。庆忌在卫国号称第一猛士，人长得虎背熊腰，力大无穷，能举起千斤巨石，又能以一敌百。庆忌疾恶如仇，对阖闾的杀父之仇一直铭记于心。现在他流浪他乡，在卫国招兵买马，建立自己的势力，准备一有机会就杀回来，为父亲报仇。

鱼肠剑

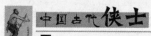

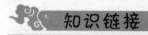

---

## 真正的勇士

东海勇士椒丘祈来吴国为朋友奔丧，途经淮津渡口，他的马被水怪吞噬，他一怒之下，跳入水中，与水怪大战三日三夜，不分胜负，出来时只伤了一只眼睛。为此，椒丘祈自以为是天下之勇，名声大震。在他朋友的丧席上，当着众多吴国大臣的面，显示出趾高气扬、不可一世的神气。要离实在看不惯，正色地对他说："听说勇士者，与日战不移表、与神战不旋踵，宁死不受其辱。你与水神交战，没有追回马的性命，自己反而伤了眼睛，形残名辱，你还有何面目在众大夫面前沾沾自喜呢？"椒丘祈被说得哑口无言，含愧而出。要离回到家，情知晚上椒丘祈必来报复，他告诉妻子"夜间把所有的屋门、房门打开，任其出入"，其妻子知道他的勇气，照要离的话去做。果然，椒丘祈趁黑来到了要离家，见大小门都未关，不由大喜，径直来到要离的床前，得意地说："你真是该死！一不该当着大家的面羞辱我；二不该明知我来，而不关门，让我轻易就进来了；三不该见我已来，你还不躲避。"要离从容不迫地回答："你也有三不该：一是我如此地羞辱你，你无一句答辩；二是你入门不咳，登堂无声，有偷袭的嫌疑，不是勇士的作为；三是你的剑已刺到我的喉舌，还大言不善，证明你心虚。"椒丘祈不料世上还有如此之勇士，大叹道："你才是真正的勇士，我如果杀了你，岂不遭天下笑话？我如果不死，也要遭天下笑话。"说完，椒丘祈自杀于要离床前。

---

伍子胥第一次把要离带到阖闾的面前，阖闾大失所望：如此一个丑陋矮小的人怎么可以承担得起刺杀的重任？在吴国朝堂之上，伍子胥极力向吴王阖闾举荐要离为将，请吴王让要离带兵讨伐楚国。阖闾不屑一顾地看看要离

说："寡人观看要离之力，还不如一个小儿，怎么能够胜任讨伐楚国的重任啊！况且我们吴国刚刚安定下来，怎么能随意用兵打仗呢！"要离说："大王啊，您一点也不仁慈，伍子胥为您谋划夺得了王位，平定了吴国，您难道不打算给伍子胥报仇雪恨了吗？"要离说，他可以假装是庆忌的追随者，痛恨阖闾，在一次刺杀阖闾的行动中，阖闾砍断了他的一只手臂，并烧死了他的妻子。要离被迫逃往卫国，投靠庆忌，等得到庆忌的信任后，再伺机刺杀他。这是一出苦肉计！

要离"逃出"吴国，一路上逢人诉说委屈，探听得庆忌在卫国避难，于是他就到卫国去投奔庆忌。庆忌了解到要离是从吴国来投奔他的，对他最初是无法信任的，然而，要离脱衣给庆忌看，并诉说原委，果然少了一条右臂。庆忌看到要离的右臂真的断了，并打听到他的妻子、儿子也是被吴王阖闾所杀，并焚尸于市，就相信了他，用他为心腹，令他每日训练士卒，修治舟舰，准备讨伐吴国。

庆忌对要离完全放下心来，很多重要的事情都交给他去办。庆忌与要离面对面接触的日子也越来越多，他开始有点离不开要离了，并对要离产生一种复杂的情感，那是一种英雄对英雄的仰慕。同样，日子一长，要离也越来越觉得庆忌是一个真汉子、真英雄。庆忌的一个士兵，一个很普通的士兵，

庆忌甚至还不知道这个士兵的名字，只是听说这个士兵在训练时受了伤，他就亲自跑去慰问，察看他的伤势，鼓励他，还替他喂汤药，在场的人无不为之动容。庆忌除了对自己的士兵爱惜有加之外，对普通老百姓也怀有一颗悲悯之心。逢年过节，庆忌都要熬上一大锅粥，然后派手下为穷苦人家送去。庆忌专门腾出一间屋舍，安置那些老无所依的鳏寡

要离刺庆忌画像砖

孤独之人，一切费用由他自己支付。

与庆忌在一起的日子越久，要离越感到不忍下手，甚至已经产生一种罪恶感：杀庆忌就等于杀自己所敬仰的一个英雄，就等于摧毁自己所有的道德标准。吴国的信使悄悄地找到要离，再一次郑重地转达阖闾的命令，让他尽快除掉庆忌。

终于，庆忌采纳了要离的建议，出征吴国。庆忌与要离同乘一艘战船。要离对庆忌说："公子您应该亲自坐在战舰的船头，这样既可以鼓舞士气，又便于指挥船队前进。"庆忌听从了要离的建议，亲自在船头坐定，要离手执短矛在一旁侍立。大军浩浩荡荡向前进发，忽然江面刮来一阵强风，庆忌的战船被风刮的摇晃不定，庆忌也随着船体的摇晃而坐立不稳。要离抓住这个千载难逢的机会，借着颠簸摇晃之势以短矛刺中庆忌，短矛透入心窝，穿其后背而出。身受重伤的庆忌此刻才醒悟要离断臂的真正目的。但是他不愧为天下第一勇士，他忍着剧痛，单手提着要离，把他的头投入水中，如此三次，然后又把淹得半死的要离横放到自己的膝盖上，大笑着对他说："天下居然有像你这样的勇士，竟然能用这种苦肉计来刺杀我啊！"庆忌身边的卫士冲上来要把要离碎尸万段，庆忌摆了摆手说："这个人是天下少有的勇士，我们怎么可以在一天之内杀死天下两个勇士呢！"庆忌伤势太重，渐觉不支，他深知自己不能支撑多久了，就对他左右的卫士说："你们不要杀死要离，可以放他回吴国，以表彰他对主人的忠诚。"说完，他把要离扔到甲板上，自己用手抽出刺穿身体的短矛，当时血流如注而死。庆忌的卫士们遵照遗命并没有为难他。但是要离想自己从此就不能容于世，便举身投水自杀，但是却被庆忌手下的卫士们捞上来。左右的人劝他快回吴国领赏。

要离终于回到了吴都，自然要受到盛大的欢迎。阖闾下令从国库拿出了一万两黄金要赏赐给要离。然而，令吴王阖闾与伍子胥没想到的是，一进大门，要离面对吴王、伍子胥以及其他大臣，泪流满面地说："为了刺杀庆忌，我连自己的身体都不爱惜，甚至连妻子、儿子的性命都搭上了，难道我还在乎什么钱财和爵位吗？"说完，猛地从卫士手中夺得佩剑，先砍断自己的双足，后又自刎而死。

要离，在中国古人心中是英雄。与庆忌，这两个本是敌对阵营的英雄之间发生了激烈的碰撞，擦出了惺惺相惜的火花，最后酿成一幕壮烈的悲剧——各自以死亡方式实现自我对生命意义的追求。

知识链接

### 历代名人评要离

《吕氏春秋》：“要离可谓不为赏动矣。故临大利而不易其义，可谓廉矣。廉故不以贵富而忘其辱。”

陆游《月下醉题》：“生拟入山随李广，死当穿冢近要离。一樽强醉南楼月，感慨长吟恐过悲。”

陈子龙《秋日杂感》：“夜雨荆榛连茂苑，夕阳麋鹿下胥台。振衣独上要离墓，痛哭新亭一举杯。”

王士禛《题尤展成新乐府》：“千金匕首土花斑，儿女恩仇事等闲。他日与君论剑术，要离冢畔买青山。”

钱谦益《要离墓》：“弱夫杀壮士，谁敢婴余怒。今日古城边，耕人肆侵墓。”

## 豫让： 士为知己者死

豫让，生卒年不详，春秋末期晋国人，晋卿知瑶（即智伯）尊宠和信任的家臣，中国古代史上的知名义侠。

豫让的时代，晋国已经出现了分裂的苗头。君弱臣强，诸公卿各怀异志，其中实力最强的有六家，即范氏、中行氏、智氏、韩、赵、魏六家。这六家的发展刚开始并不是均衡的，先是智伯独大，后来随着各自力量的此消彼长，才逐渐出现了新的分化组合。原有的旧的联盟关系逐渐瓦解，新的联盟产生，接着新的联盟又渐次分化出来，晋国的政权最终落入韩、赵、魏三家手中，他们各自成立了新的诸侯国。历史上称这段历史为“三家分晋”。

起初，智伯的力量日益增强，遂有了独霸晋国的想法。他联合韩、魏、赵，合力瓜分范、中行二卿的封地，知士势力迅速膨胀，知瑶的气焰也日益嚣张。晋敬公五年（前447年），欲壑难填的知瑶，又胁迫韩虎、魏驹两家，起兵讨伐早年的合作者赵卿毋恤，把赵氏困在晋阳孤城。他们掘开堤坝，把汾水灌进晋阳城，想要一举扫灭赵氏。然而，由于晋阳城历经董安于、尹铎的精心建造，苦心经营，又一直被赵简子视为重要根据地，屯积甚厚，城高池深，所以三家久攻不下。这时，韩、魏二人见讨不着便宜，再加上又是慑于知氏的恐吓出兵，害怕赵氏被灭之后，自家也难逃厄运，于是起了二心，暗中与赵襄子合谋，要里应外合，灭掉知瑶，瓜分他的领地。这样，战局发生了戏剧性的变化。在韩、赵、魏三家的内外夹击下，知瑶兵败，被毋恤斩杀于晋阳城下。毋恤用他的颅骨做了喝酒的饮器，灭了知氏全族。

　　豫让得知智伯已死，悲痛欲绝，逃到深山里躲藏起来，思谋为智伯报仇。

　　豫让先是多次潜入赵府，查找出智伯的尸身所在。找到后，趁夜深人静之时偷运出府，连同那颗已成为漆器的头颅，一同葬在高山之巅，日夜祭拜。每每想到智伯的知遇之情，他往往痛哭失声，草木为之含悲。豫让还在墓前立下重誓，誓死也要替智伯报仇雪恨。

豫让桥

　　赵府丢失了智伯的尸身和头颅漆器，知道有人要为他报仇，便严加防备，对进出赵府的人严格排查。这样一来，豫让潜入赵府、伺机行刺的机会就变得渺茫了。

　　后来，豫让为了躲避盘查，便化装成囚犯，到赵府去干一些苦役活。开始时干老本行——喂马，后来他发现赵襄子与中行大人一样，一年也不来马厩一次，行刺的机会微乎其微。于是他又转行去做泥瓦匠，专门负责涂刷厕所。但自从智伯尸身被盗以后，赵襄子日夜小心，连上厕所都要带上卫队。豫让虽然可以天天见到赵襄子，却找不到行刺的机会。每次都是赵襄子在里面如厕，外面警卫森严，卫士们一个个眼睛瞪得溜圆，苍蝇也别想飞进去。

豫让只好耐住性子等。一天，赵襄子入厕方便，发现一个刑徒劳役的神色异常，目露凶光，形迹可疑，便派人捉来询问。结果此人公然声称自己名叫豫让，是智伯的旧臣，是为智伯报仇而来的。赵襄子的左右侍从立即要把豫让推出去杀掉。襄子摇摇头说："豫让真是个有义的人啊，今后我注意防备他就是了。况且，智伯全族被我灭掉，已经没有了后人，他的臣子要为他报仇，真是贤人义士之举。"赵襄子说罢，竟让警卫宽赦了豫让，只不允许他再在府中充役。

豫让被放出来后，仍不甘心。过了些时候，他又刮掉眉毛和胡须，来改变自己的面容；吞食火炭，来改变自己的声音；将含毒素的漆涂抹在身上，使身体脓肿长癞疱，来改变自己的形体。然后沿街乞讨，连他的妻子从他身边走过都认不出他来。一天，当他得知最近赵襄子要出门会友时，便事先埋伏到赵襄子出门必经的一座桥下。这天，赵襄子出门，刚行至桥下，突然眼迷心跳；马匹也似乎预感到了什么，跳跃嘶鸣，不肯前行。赵襄子有前车之鉴，对左右说："这必是豫让所为。"遂派兵抓来询问，果然是豫让。于是襄子责问豫让："你当初不曾是范吉射、中行寅的家臣吗？为什么知瑶灭掉范吉射、中行寅之后，你非但不去报仇，反而做了知瑶的家臣。如今知瑶已死，你却要一心一意地为他报仇，这是为了什么？请你说明白。"

豫让答道："我做范氏、中行氏的臣子时，他们都把我当一般臣子对待。所以，我也像一般人那样报答他们。至于智伯，他视我为国中杰出的人物而厚待我，所以我也必须以杰出的行为来报答他，一定要为他报仇雪恨。"

赵襄子听了，为他的大义所感动，流泪叹息："豫让啊，豫让，你为智伯尽忠，天下人皆知你的名声；而我已经赦免过你一次，也算对得起你了，这次绝不能再赦免你。"说罢，含泪招手。警卫们领命，层层包围了豫让。

豫让仰天大笑，直对着赵襄子，慨然说道："上次你赦免我，天下人都称赞你，可以说你的收获也颇为丰厚。如今我难免一死，却仍希望能够得到你的衣服，让我刺上几剑，聊表为智伯报仇的心意，这样我虽死无憾。这只是我的一点想法，成不成全只看你的胸怀！"赵襄子深感豫让义烈，便答应了他的要求，让人把自己的衣服拿给豫让。豫让热泪盈眶，奋然跃起，挥剑击衣三下，而后仰天凄怆地说："我可以在九泉之下与智伯安然相对了！"言罢，拔剑自刎，鲜血迸射。

士为知己者死，这大概是这个世界上最动人的一句话了。它出自大侠豫让之口，而豫让本人也确实做到了。豫让生活在春秋战国交替的时代，当时贵族阶层与贵族精神都濒临瓦解。豫让虽然不是贵族出身，但人们在他的身上却可以看到行将消失的贵族精神的影子。他看重懂得自己的人，愿意为其付出生命。他最鲜明的人生哲学就是：一般人看待我，我就一般人对他；国士一样看待我，我就国士一样报答他。而国士为了国家安危，往往是不顾个人生死的。豫让言必信，行必果。智伯本是一个狂妄的野心家，后来死于三家分晋的历史洪流中，但他待豫让如国士，豫让死也要为他报仇。赵襄子虽是豫让报仇的对象，但也堪称豫让的知己。豫让最后自杀，可谓一剑双酬，绝不单单是为了智伯。

## 聂政： 剑胆琴心刺侠累

聂政（？—公元前397年），战国时侠客，韩国轵（今济源东南）人，以任侠著称，为战国时期四大刺客之一。

聂政一生下来就没有见过自己的父亲，在他快要出生的那一年，父亲就被一个叫张睢的侯爷腰斩于市。张睢的儿子是一个恶少，依仗老爹的权势横行霸道，为所欲为。有一次他心血来潮，要与当时一个有名的剑客比剑，因为他自视甚高，以为一定比得过那个剑客。于是他要求父亲张睢为他铸一把宝剑。聂政的父亲是当地闻名的铸剑高手，张睢就找到聂政的父亲。剑铸出来了，是一把绝世好剑，可是张睢的儿子剑术不行，在与剑客比试的时候，当场被刺死。剑客逃之夭夭，远走高飞。张睢气得呕血，抓不住剑客，只好拿聂政的父亲当替罪羊。聂政为报父仇，不惜毁容易面，两次混入张府，终于将张睢刺死。

为了躲避仇家追杀，聂政只好和母亲、姐姐逃往齐国（今山东境），以屠宰为业。

正当聂政一心一意过着平静的生活的时候，他的家乡——韩国政坛上发生了一场激烈的纠纷。这场纠纷又把聂政牵扯了进来。

当时，韩国大臣严仲子与国相侠累（名傀）廷争结下仇怨，严仲子怕被杀害，只好逃往老家卫国去了。严仲子四处游访侠士，希望找到能替他向侠累报仇的人。到了齐国，听说聂政是个勇士，严仲子便常常登门拜访他，还备办酒席款待他。酒到酣畅时，严仲子亲自为聂政的老母敬酒，并用黄金百镒为贺礼祝她长寿，求其为己报仇。聂政明白严仲子的意思，执意不收礼物。他说："我屈身在市场上做了屠夫，就是为了奉养老母，母亲在世，我不敢以死报答别人。"

严仲子为进一步表示自己的诚意，与聂政结拜为异姓兄弟，并认聂政的母亲为义母。后来，聂母无疾而终。聂政守孝三年后，忆及严仲子知遇之恩，认为是报答他的时候了。于是，聂政登门回访严仲子，谢绝了严仲子给他派的助手，孤身一人前往韩国朝都阳翟（今禹州）刺杀侠累。聂政到了韩国都城，找机会进了相国府。侠累坐在堂上，周围有很多持刀荷戟的护卫。聂政大喝一声，挺剑便刺，侠累倒地身亡。护卫大乱，上前来保护侠累，聂政威武神勇，击杀了几十人，但终是寡不敌众。

此时，聂政料定今天已经插翅难飞，为了不连累姐姐和朋友，他再一次用剑毁掉了自己的容貌，并挖出自己的眼睛，砍掉自己的三个手足，剖腹而死。其惨烈之状让所有人震惊当场！

聂政死后，没有人知道他是谁。他的尸体血肉模糊，只剩一堆肉。官府

连环画聂政姐弟

为确认刺客的身份，就把聂政的尸体放在大街上，并到处张贴告示，出千金悬赏查询，可是没有人能说出尸体的身份。

聂政的姐姐听说这事后，说道："我弟弟非常贤能，我不能因为吝惜自己的性命，而埋没弟弟的名声，埋没声名，这也不是弟弟的本意。"于是她去了韩国，寻到弟尸，伏尸痛哭，后撞死在聂政尸前。晋、楚、齐、卫等国的人听到这个消息，都说："不单是聂政有能力，就是他姐姐也是烈性女子。假使聂政果真知道他姐姐没有含忍的性格，不顾惜露尸于外的苦难，一定要越过千里的艰难险阻来公开他的姓名，以致姐弟二人一同死在韩国的街市，那他也未必敢对严仲子以身相许。严仲子也可以说是识人，才能够赢得贤士啊！"

## 荆轲： 风萧萧兮易水寒

荆轲是中国历史上最著名的刺客，他是刺客中的典范，是最受中国人敬仰的刺客，也是最受学者争议的刺客。他的故事不断被搬上银幕，使他成为妇孺皆知的大侠。荆轲的离去，也宣告刺客鼎盛时代的终结。

在今河北易县城西南不远处有一座历史悠久的古村落，叫荆轲村；荆轲村的入口，易水河的旁边耸立着一座千年古塔，叫荆轲塔。荆轲村、荆轲塔，

武氏祠石刻：荆轲刺秦王

都是为了纪念荆轲这位英雄的。如今来易县旅游的人们，都不会忘记去荆轲塔，缅怀他们心目中的悲情壮士。

荆轲（？—公元前227年），姜姓，庆氏（古时"荆"音似"庆"）。战国末期卫国朝歌（今河南鹤壁淇县）人，战国时期著名刺客，也称庆卿、荆卿、庆轲，是春秋时期齐国大夫庆封的后代。喜好读书击剑，为人慷慨侠义。他先是凭借着剑术游说卫元君，卫元君没有任用他。荆轲得不到重用，于是离开卫国，游历四方，后游历到燕国。荆轲到燕国以后，和当地的狗屠夫及擅长击筑的高渐离结交，成为知己。荆轲特别好饮酒，天天和那个宰狗的屠夫高渐离在燕市上喝酒，喝得似醉非醉以后，高渐离击筑，荆轲就和着拍节在街市上唱歌，相互娱乐，不一会儿又相互哭泣，身旁像没有人的样子。荆轲虽说混在酒徒中，可他的为人却深沉稳重，喜欢读书；他游历诸侯各国之时，都是与当地贤士豪杰和德高望众的人相结交。他到燕国后，燕国隐士田光也友好地对待他，田光见多识广，足智多谋，又精通剑术，被称为"节侠"。

过了不久，在秦国做人质的燕太子丹逃回了燕国。太子丹深知秦国的强大与秦王的凶暴，他这次逃回燕国已经触犯了秦王嬴政的威严，知道嬴政一定不会放过他，一定会来攻打燕国。秦国已经派兵驻扎在易水旁边，燕国的灾难就要来临了。太子丹心急如焚，便去请教他的太子太傅鞠武，鞠武也没有想出什么好的办法。

这时候，偏偏又起了一个祸端。秦国的将军樊於期为躲避秦王的追杀逃到了燕国，太子丹收留了他。

数日后，鞠武找到太子丹，太子丹上前以头叩地，请求荆轲刺杀秦王。当时太子就尊奉荆轲为上卿，住进上等的馆舍。太子丹每天前去问候。供给他丰盛的宴席，备办奇珍异宝，不时进献车马和美女任荆轲随心所欲，以便满足他的心意。太子丹的良苦用心荆轲看在眼里，他也不敢怠慢，日思夜想。

公元前228年，秦将王翦已经攻破赵国的都城，俘虏了赵王，把赵国的领土全部纳入秦国的版图。大军挺进，向北夺取土地，直到燕国南部边界。太子丹害怕了，于是请求荆轲说："秦国军队早晚之间就要横渡易水，那时即使我想要长久地侍奉您，怎么能办得到呢！"

荆轲说："刺杀秦王最主要的就是取得他的信任，这样我才可以靠近他，才有下手的机会。怎样才能得到秦王的信任呢？我们需要有所表示。现在秦王正用千两黄金和万户封邑来悬赏缉拿樊将军。如果能得到樊将军的首级和燕国督亢的地图献给他，秦王一定乐于接见我，这样我才有机会靠近他，从而刺杀他。"

荆轲亲自找到樊於期，说明来由，樊於期毅然自杀了。

太子丹命人把樊於期的头颅装进匣子里。太子丹预先寻得一把锋利无比的短剑，然后用最厉害的毒药淬炼短剑，以达到见血封喉的效果，确保行刺万无一失。可是太子丹又恐荆轲一个人势单力薄，给他派一个助手秦舞阳。秦舞阳，十三岁上就杀人，别人都不敢正面看他。而荆轲等待一个人，打算一道出发；那个人住得很远，还没赶到，而荆轲已替那个人准备好了行装。又过了些日子，荆轲还没有出发，太子丹再三催促他说："时间不多了，赶快出发吧。"荆轲无奈，只好答应立刻动身。

出发那天，太子丹和燕国的大臣们都知道荆轲此去凶多吉少，于是一身缟素，形容肃穆地为荆轲送行。高渐离击筑，荆轲和着筑声歌唱起来，歌声凄厉悲切，歌唱的内容却与高渐离的愿望相反："风萧萧兮易水寒，壮士一去兮不复还！"人们听到悲切慷慨的歌声，无不群情激昂，怒发冲冠！

荆轲到了秦国，先是找到秦王的宠臣中庶子蒙嘉，给他送去金银珠宝、绫罗绸缎。蒙嘉收了燕国的好处，就跑到秦王那边为荆轲他们美言："燕王已经放弃与大王的对抗，打算诚心诚意臣服于大王。现在，燕王派了他的使臣送来樊於期的头颅和燕国督亢的地图，只求能够守住先王的宗庙，燕国愿意像秦国的郡县一样每年向秦国进贡。不知大王意下如何？"秦王听到这个消息，非常高兴，就穿上了礼服，安排了外交上极为隆重的九宾仪式，在咸阳宫召见燕国的使者。

荆轲捧着樊於期的首级，秦舞阳捧着地图匣子，按照正、副使的次序前进，秦王威风八面地坐在宫殿的宝座上俯视着他们。走到殿前台阶下秦舞阳脸色突变，害怕得发抖，大臣们都感到奇怪。荆轲回头朝秦舞阳笑笑，上前谢罪说："北方藩属蛮夷之地的粗野人，没有见过天子，所以心惊胆颤。希望大王稍微宽容他，让他能够在大王面前完成使命。"秦王对荆轲说："递上舞阳拿的地图。"荆轲取过地图献上，秦王展开地图，图卷展到尽头，匕首露出来。荆轲趁机左手抓住秦王的衣袖，右手拿匕首直刺。

可遗憾的是，寄托荆轲全部希望的一刺并没有成功，秦王躲开了。秦王挣断了衣袖，急速后退，躲在了一根柱子后面。秦王想拔出自己身后的长剑，但剑身太长，被卡在剑鞘里了，一时拔不出来。秦王急得满头大汗，越急就越拔不出来。

荆轲第二次向秦王刺来，秦王又一次躲开了。荆轲追着秦王，秦王围着柱子东躲西藏，荆轲始终没有刺到他。而此时，在一旁观看的秦舞阳吓傻了眼，却不知道过来帮助荆轲，等他回过神来，早已被秦国的大臣们围住。此时宫殿上乱作一团。按照秦国的法律，大臣在殿上侍奉君王时不得携带任何兵器，守卫宫禁的侍卫虽然带着武器，但都站在殿外，没有秦王的命令不能上殿。大臣们一时无计可施。这时，御医夏无且急中生智，用他的药袋奋力向荆轲砸去。荆轲被药袋击中，打了个趔趄，秦王则趁机逃脱。等荆轲再次向秦王扑来时，秦王已经拔出了剑，一剑砍断了荆轲的左腿。

荆轲跌倒在地，血流不止。荆轲用尽最后一丝力气，把手中的匕首掷向秦王，由于力度不够，匕首没有击中秦王，钉在了柱子上。秦王接连攻击荆轲，荆轲被刺伤八处。荆轲自知大事不能成功了，就倚在柱子上大笑，张开两腿像簸箕一样坐在地上骂道："大事之所以没能成功，是因为我想活捉你，迫使你订立归还诸侯们土地的契约回报太子。"秦国的侍卫冲上来，举起兵器一阵乱砍，荆轲终于倒了下去。

这正是：身入狼邦，壮志匹夫生死外；心存燕国，萧寒易水古今流。

## 知识链接

### 历代名人评荆轲

左思："荆轲饮燕市，酒酣气益震。哀歌和渐离，谓若傍无人。虽无壮士节，与世亦殊伦。高眄邈四海，豪右何足陈。贵者虽自贵，视之若埃尘。贱者虽自贱，重之若千钧。"

陶渊明："燕丹善养士，志在报强嬴。招集百夫良，岁暮得荆卿。君子死知己，提剑出燕京；素骥鸣广陌，慷慨送我行。雄发指危冠，猛气充长缨。饮饯易水上，四座列群英。渐离击悲筑，宋意唱高声。萧萧哀风逝，淡淡寒波生。商音更流涕，羽奏壮士惊。心知去不归，且有后世名。登车何时顾，飞盖入秦庭。凌厉越万里，逶迤过千城。图穷事自至，豪主正怔营。惜哉剑术疏，奇功遂不成。其人虽已没，千载有余情。"

骆宾王："此地别燕丹，壮士发冲冠。昔时人已没，今日水犹寒。"

王昌龄："握中铜匕首，纷铤楚山铁。义士频报仇，杀人不曾缺。可悲燕丹事，终被狼虎灭。一举无两全，荆轲遂为血。诚知匹夫勇，何取万人杰。无道吞诸侯，坐见九州裂。"

司马贞："刎颈申冤，操袖行事。暴秦夺魄，懦夫增气。"

柳宗元："燕秦不两立，太子已为虞。千金奉短计，匕首荆卿趋。穷年徇所欲，兵势且见屠。微言激幽愤，怒目辞燕都。朔风动易水，挥爵前长驱。函首致宿怨，献田开版图。炯然耀电光，掌握罔正夫。造端何其锐，临事竟趑趄。长虹吐白日，仓卒反受诛。按剑赫凭怒，风雷助号呼。慈父断子首，狂走无容躯。夷城芟七族，台观皆焚污。始期忧患弭，卒动奸祸枢。秦皇本诈力，事与桓公殊。奈何效曹子，实谓勇且愚。世传故多谬，太史征无且。"

贾岛："荆卿重虚死，节烈书前史。我叹方寸心，谁论一时事。至今易水桥，寒风兮萧萧。易水流得尽，荆卿名不消。"

陆游："采药游名山，物外富真赏。秋关策蹇驴，雪峡荡孤桨。还乡忽十载，高兴寄遐想。梦行河潼间，初日照仙掌。坡陀荆棘冢，狐兔伏莽莽。悲歌易水寒，千古见精爽。国雠久不复，惊觉泚吾颡。何时真过兹，薄酹神所飨。"

高斯得："夜读荆轲传，掩卷喟然叹。结交天下士，贤哉太子丹。报秦一片心，秋莲孤剑寒。介绍田先生，得结荆卿欢。太子一语疑，先生甘自残。荆卿欲藉手，临事敢开口。走见樊於期，愿借将军首。将军搤揽言，念此固已久。得复平竹仇，性命何足有。四雄英烈风，精诚凌白虹。函关初未入，气已吞祖龙。其事虽不就，简牍光无穷。奈何今之人，蜷缩如寒虫。"

钱谦益："匕首无功壮士丑，函封可惜将军首。秦庭一死谢田光，社稷何曾计存否。不知秦王环柱时，舞阳在前何所为。当时太子不早遣，待客俱来应未知。"

龚自珍："陶潜诗喜说荆轲，想见停云发浩歌。吟到恩仇心事涌，江湖侠骨恐无多。"

# 第二节
# 官侠：身在朝堂，心忧江湖

在古代，侠士中不少能主持公道、不畏强暴、为民请命的官员。这些为官之人热衷于救人之难，脱人于困，藏亡纳死，赈济弱势群体。官侠所救助的对象一般为下层民众，不带功利色彩，深受人们的敬重和爱戴，在中国侠士史上留下了辉煌的一页。

## 官侠： 为官行侠的卿相之侠

关于卿相之侠，应该当推司马迁所说的季札和战国四公子。

本来，侠的世界是江湖，与官的世界——官场是大相径庭的。但是，偏偏却有卿相之侠亦官亦侠，或行侠为官，身在官场，心系江湖。

卿相之侠身居王门贵族。如朱家是财主，战国四公子是贵族，季布则是将军。为官之士，本应该效忠朝廷，但他们却是一群刚直不阿、有胆有识的热血奇男。

司马迁最早塑造了一批卿相之侠的形象，在《游侠列传》中，他提到了季札和战国四公子。季札好结交天下贤士，一诺千金，豪气冲天。而孟尝君田文、春申君黄歇、平原君赵胜、信陵君魏无忌这四个公子却个个都是贵族。他们乐于结纳各式人才，广养门客、礼贤下士，为的是在危难之际他们会挺身而出，为君分忧、为国解难。这在与朝廷分廷抗礼的争斗中，渐渐形成了气候，其威望与声誉，俨然与官府并立，甚至凌驾于官府之上。从而，也在黑暗的官场上闪烁着人性的光芒，他们是"翩翩浊世之佳公子也"。

那么，卿相之侠的社会功能到底是什么呢？用章太炎的话说叫作"辅法"，即"济王法之穷"。这些人不像平民那样混迹于街头，他们是有身份的贵族王公。他们可以更多地参与官府中的事。

这些卿相之侠的命运是带有悲剧色彩的，他们的内心往往是沉重的。为官又要行侠，是艰难的。这种双重身份的侠官，是很难按照江湖与官场各自的规则要求来约束自己的。毕竟朝堂之下与江湖之上是两个完全不同甚至对立的世界。行侠做官两不误的好事，在大一统政治尚未建立和完善之前才有可能存在。

到了秦汉专制政体发育成熟之后，所谓"侠官"便只能是武侠小说中的传奇人物了。

其实，关于卿相之侠，除了司马迁提到的上述人等外，班固在《汉书·游侠传》中，还提到了陈遵和原涉二人。

原涉乐善好施，急人所急。他是有一些侠义之举的，但总之是官没当好，却乐于为官。他和陈遵一样，都有一个原则，那就是当法律道德有碍于我之侠义时，他们就会毫不犹豫地冲决它，宁肯不要官，也要以身试法，以武犯禁。事实上，这类侠最突出的人格特色是这世界是以我为中心的，他们正是以自己的人格精神，赢得了人们的好感和豪杰侠士们的仰慕。他们作为一种游离于社会政治力量之外的势力，亦官亦侠，权行州域，力斩公侯。难怪统治者要对他们实施严厉的杀戮了。

## 陈遵： 狂荡放纵， 不拘礼法

陈遵生活在西汉末年和王莽新朝时代，字孟公，杜陵人。他的祖父在汉宣帝尚未即位时就与他有厚交，常在一起赌博。宣帝即位之后，就任命陈遵为太原太守。

陈遵是一位狂荡放纵、不拘礼法的人。陈遵还是少年的时候，他父亲就去世了。他承父荫做了京兆史，后来又进了公府。当时公府中的吏员们出门所乘的都是破车小马，不饰纹彩。只有陈遵这人车马鲜明，讲究穿戴。他家门前天天车骑交错，冠盖如云，宾朋好友往来不绝。他特好饮酒，常常大醉而归，也每每因此误了公事。上司对他很不满。但大司徒马宫是个大儒，礼贤下士，尤其敬重陈遵，就说："陈遵这样的人乃是豁达大度之士，何必让他去办理那些文案之类的小事呢？"就推荐他做了郁夷县令，后来因与扶风县令意见不合，自请免职了。

槐里这个地方的大盗赵朋、霍鸿等作案起事，当时陈遵任校尉，因击贼有功，被封为嘉威侯，住在长安城里。达官贵人、皇亲国戚都很敬重他。京外守官、郡国豪杰到京师来，莫不以与陈遵相交为荣。

陈遵好喝酒，每次大饮，宾客满堂，总是紧锁大门，把客人的车辖取下投入井中。宾客既来，即使有急事也走不开。曾经有一位地方官来京奏事，到陈遵家拜访，正赶上陈遵宴客喝酒。这位地方官急于去办公事，却没法出去，只好等到陈遵大醉之时，进去向陈遵的母亲求情，叩头说他与尚书有约，不能耽误。老太太才让他从后阁门出去。

陈遵身长八尺，长脸大鼻，相貌奇伟。读书不多，但富于文辞。又善长书法，每给人写尺牍短札，主人都收藏起来以为荣耀。他要对谁有所请求，没有谁敢说"不"字的。所到之处，人们总是争先恐后地欢迎他。当时，列侯中有位与陈遵同姓同名的，他每次到人家拜访，一说是"陈孟公"，满座宾客莫不震动。等到进来一看却不是，所以人们就送他个绰号叫"陈惊座"。

陈遵被升为河南太守，他的弟弟陈汲同时出任荆州牧。赴任之际，弟兄二人一起到长安富人故淮阳王外家左氏那里大吃大喝了一顿。后来司直陈崇听说了，就向皇帝弹劾说："陈遵兄弟蒙皇上之恩，破格提拔。陈遵位列封侯，陈汲为州牧奉使。本当以举直察枉、宣扬圣化为职，却不能正身律己。陈遵刚上任时，乘宫车入间巷、到寡妇左阿君那里饮酒歌讴。陈遵起舞如跳梁小丑，倒在座上。至晚留宿，有侍婢扶卧，成何体统？陈遵明知饮酒饮宴应有节制，依礼不得入寡妇之门。却如此贪酒作乐，乱男女之别，轻辱爵位，真是于理难容。"陈遵因此被免官，回到长安，但宾客更多了。他照样宴饮作乐，不自检点。

陈遵免官家居后，招客如故，饮食自若。他有一朋友名叫张竦，与他同时入仕为吏，为人博学通达，廉俭自守，操行与他大异。官至丹阳太守后，也被罢免。张竦很穷，门下没有宾客，间或有人上门，也只是向他请教学问。陈遵见此，颇有自是之意，不无得意地对老友说："足下讽诵经书，苦身自约，不敢差跌；而我放意自恣，浮湛俗间，官爵功名，不减于子，而差独乐，顾不优哉！"（《汉书·游侠传》）张竦竟也难以反驳，只好以"人各有性，长短自裁"之类的话搪塞过去。确实，这种个性上的差异，恰恰是两种对立的人生信条和人格特征的体现。

王莽篡位之后，有人荐陈遵为大司马护军，出使匈奴。不久王莽事败，陈遵留在匈奴，终因酒醉被杀。

观照陈遵的一生，他并不是那种有过人本领的"侠客"，而是凭借自己特立独行的品格及内在的人格素质享誉朝野。在他的品格之中，值得赞誉的是他追求个性自由，宣扬人的主体价值和尊严的精神，他以自己惊世骇俗的行为折射出自己的"侠义"精神的价值和生命力之所在。

## 原涉：  施贫救急，  内隐好杀

原涉，字巨先。他父亲在汉哀帝时曾任南阳郡的太守。当时天下殷富，按照当时的风习，大郡官守俸禄至2000石的，死在任上，赋敛送葬所得必千万以上，通归自己所有。以此定为产业。当时又很少有人死后服3年丧的。原涉的父亲死时，他一概不收当地人所送的财物，并且在他父亲的坟上结庐守丧3年。他因此得以名扬京师。后来大司马史丹举荐他做了谷口县县令。他当时才二十几岁，谷口这个地方本来豪暴盗贼很多，一听说原涉要来做县令，为非作歹的人都偃旗息鼓了。

在此之前，原涉的叔父被茂陵一个姓秦的所杀，原涉到谷口上任半年，为了报仇，就辞去了官职。谷口一位豪杰因为杀秦氏，躲藏了一年多，遇到大赦才出来。当时郡国豪杰以及长安、五陵的侠义之士都很敬慕此人。原涉也同他倾心相待，结交的朋友不论贫贱贤愚多至无数。有人讥讽原涉说："你本为太守之后，甚有贤名，为复仇杀人，也算不失仁义。何必如此放纵，做轻侠之徒呢？"原涉回答说："你没有见过那些寡妇？刚守寡时，自守恭谨，一本正经。一旦被盗贼所污，就淫滥不能自拔。自己明知这样不好，却再也改不过来了。我就像是这样的。"

原涉为人也是专以赈济贫穷、赴人之急为务。有一次，朋友请原涉饮酒。有人告诉他说有位客人因母亲病了，避在里宅不能来赴宴。原涉就前去叩门问候，听到里面有哭声，于是进门施礼凭吊，问丧事办得如何。得知此人家中一无所有，原涉就说："你们只管等着，我随后就来。"他返回来对主人说："人家老母卧在地上无法入殓，我哪里还有心思喝酒。请撤去酒食。"宾客们争问都需要什么东西。原涉于是侧身而坐，写了个清单，记下所需衣被棺木一应物件，叫众宾客分头去办。天晚时分，大家会聚在一起，原涉亲自看了一遍，一应俱全。这才对主人说："我这才敢喝你的酒啊！"然后开宴。原涉来不及吃饱，就带着众人将棺物送去，并替人家办理了丧事。

　　原涉虽这样周急赈贫，但也有人称他为"奸人之雄"。他的宾朋中犯法的很多，王莽做皇帝时都听说了。几次逮捕他，恰恰都遇到大赦又放出来。原涉害怕了，为了躲避门客，就跑到官府中去做当差的。后来官升为中郎，又被免了。他就一个人驾着车到茂陵去，趁夜晚到茂陵，进入里宅躲藏起来不见外人。他叫奴仆到市上去买肉。这奴仆依仗原涉的气势与屠夫争执起来，竟然举刀将屠夫砍死了。当时有位尹公到茂陵代县令任职。刚上任时，原涉未去拜见他。尹公很是恼火，知道原涉以豪侠闻名，就想拿他开刀，来个杀鸡给猴看。于是就派了两个听差去守住原涉的门户。直到中午，这个杀人的奴仆也没出来。这两个听差便想进去杀了原涉回去交令。原涉被困在里面毫无办法。还是他那帮朋友劝说尹公，罚他肉袒自缚，到廷门谢罪才算完事。

　　当初，原涉与新丰人祁太伯非常友好，但太伯的同母弟王游公一向嫉恨他。当时王游公在县衙门为胥吏，对尹公说："现在你只是代县令，如此侮辱

古代县衙公堂雕塑

原涉，一旦真的县令来了，你还得回到府里去。原涉刺客如云，杀人无数，你不担心？原涉的父亲死时，他为父亲修墓，奢逾规制。为人罪恶昭彰，连皇上都知道他。你现在倒不如先毁了他父亲的坟墓，再向皇上列数他的罪恶。这样你一定能当上真县令，原涉也就不敢再怨怒你了。"尹公听了他的话，惩治了原涉，王莽果然任他为茂陵令。

原涉却因此切齿痛恨王游公，就派了他的长子原初带一帮门客驾车20辆去洗劫了王游公的家。因为王游公之母也就是祁太伯之母，所以没有惊动她，只杀了王游公和他的父亲，提两颗人头而去。

原涉外表温和而内阴好杀。他要恨谁，一瞪眼这人就活不成。王莽新朝末年，东方战火已起。因为原涉有一群宾客朋友都是豪杰，诸王子弟就推荐原涉让他带兵。于是王莽就拜他为镇戎大尹。原涉刚到任不久，长安就陷落了。更始西屏将军申屠建请原涉来会见，很器重他。当初那个毁了原涉家坟冢的茂陵令尹公，此时也在申屠建帐下当主簿。原涉本来并不怨恨他。可是当原涉从申屠建那里出来，尹公却故意上前拦住他，求他恕罪，说："已经改朝换代了，就请不要再怨恨我了。"原涉说："那你当初为何以我为鱼肉，不把我当人看待？"他因此大怒，于是派刺客杀了尹公。

原涉杀了尹公，知道申屠建心中不快，他准备离开这里。申屠建却不肯放过他，但表面上却说："我打算与原巨先共镇三辅，怎能因一个小吏就变了？"宾客们把这话转告了原涉，原涉自己系狱谢罪，申屠建答应了。于是宾客们驾着数十辆车子送原涉到狱中去。申屠建却预先打了埋伏，在半道上截击，将原涉逮了起来。送他的宾客全被他打得四散奔逃。申屠建于是斩了原涉，将他的头颅悬挂在长安市上。

今天我们看待原涉，应一分为二。他平时"专以振施贫穷赴人之急为务"，且为人"温仁谦逊"，但其实"内隐好杀，睚眦于尘中，触死者甚多"，这一点是要批判的。

## 段秀实：不畏强暴，为民请命

在唐代，官侠中不少人能主持公道，不畏强暴，为民请命，在中国侠士史上留下了辉煌的一页。其中最典型的官侠要属唐肃宗时泾州刺史段秀实。据柳宗元《段太尉逸事状》记载：段秀实刚任泾州刺史时，汾阳王郭子仪以副元帅的身份住在蒲州。郭子仪第三子郭晞任尚书，代理郭子仪军营统领，驻军邠州，放纵其士卒横行不法。邠地懒惰、贪婪、凶残、邪恶之人，大都用财物行贿，把自己的名字混进军队里，就可以胡作非为。官吏不能干涉。他们每天成群结队地在市场上勒索，不能满足，就残忍地打断人家的手足，砸碎锅、鼎、坛子、瓦盆，丢满路上，袒露着臂膀扬长而去，甚至撞死孕妇。邠宁节度使白孝德因为汾阳王郭子仪的缘故，忧虑不敢说。

段秀实从泾州把有关情况禀告邠宁节度使衙门，希望能商议此事。到了节度使衙门就对白孝德说："皇上把老百姓交给您治理，您看见老百姓被暴徒伤害，依然安闲自在，如果引起大乱，怎么办？"白孝德说："愿听从您的指教。"段秀实说："我任泾州刺史之职，很清闲，事不多。现在不忍心老百姓没有敌人侵扰而遭杀害，以乱天子边地安危之事。您若任命我担任都虞侯，我能替您制止骚乱，使您的百姓不受侵害。"白孝德说："很好。"就按段秀实的请求任命他为都虞侯。

段秀实暂任都虞侯一个月，郭晞手下的士兵17人入城拿酒，又用刀刺伤了酿酒的技工，打坏了酿酒的器皿，酒流入沟中。段秀实布置士兵逮捕了这17人，把他们的头都砍下来挂在长矛上，竖立在城门外。郭晞全营士兵大肆喧哗，全部披上铠甲。白孝德大为震惊恐慌，召见段秀实说："你打算怎么办？"段秀实回答说："不要紧，请让我到军营中去劝说。"白孝德派了几十个人跟随太尉，段秀实把他们全部辞退了，解下佩刀，挑了一个年老而跛脚的牵马的，来到郭晞军门下。营内全副武装的士兵冲了出来，段秀实笑着走了进去，说："杀一个老兵，何必全副武装？我顶着我的脑袋来了。"全副武装的士兵惊愕了。段秀实于是开导他们说："郭尚书难道亏待你们了吗？副元帅难道亏待你们了吗？为什么要以变乱来败坏郭家的名声？替我禀告郭尚书，请他出来听我解释。"郭晞出来后，段秀实说："副元帅功勋充满天地之间，应当力求全始全终。现在您放纵士兵干凶暴不法之事，凶暴将导致变乱。在天子身边制造变乱，要归罪于谁？罪将连累到副元帅。现在邠地邪恶之人用财物行贿，把自己的名字混进军籍中并随意杀人害人，像这样不加以制止，大乱将从您军中产生，人们都会说您倚仗副元帅，不管束士兵，这样一来，郭家的功名还能保存多少呢？"

话没说完，郭晞一再拜谢说："有幸蒙您用大道理来教导我，恩惠很大，我愿意带领全军听从您的命令。"回头呵斥手下的士兵："都解下铠甲，解散回到队伍中去，胆敢再喧哗的处死！"段秀实说："我还没吃晚餐，请代为备办些粗劣的食物。"吃完了晚饭他又说："我的老毛病又犯了，想请您留我在军门下住一晚。"叫赶马的回去，明天再来。于是就睡在军营中。郭晞不脱衣，告诫负责警卫的卫兵打更以保护段秀实。第二天一大早，同至白孝德住所，道歉说自己无能，请允许改正错误。从这以后邠州再没有发生祸乱。

在此之前，段秀实在泾州担任营田官。泾州大将焦令谌夺取民田，占为己有，多达几十顷，租给农夫耕种，说："谷子将成熟时，一半归我。"这一年大旱，田中连野草都不长。农民将旱情告诉焦令谌。焦令谌却说："我只知道收入谷子的数目罢了，不知道旱灾。"催逼得更厉害。农民都要饿死了，无法偿还，就告到段秀实那里。段秀实写了判决书，语言很是谦和，派人劝告焦令谌，替农夫求情。焦令谌大怒，将农夫叫了去说："我难道怕段某吗？为什么竟敢议论我！"拿判决书铺在农夫背上，用大杖打了他20杖，将他抬至段秀实衙门的庭院，段秀实大哭，说："是我害苦了你。"于是取水洗去农夫身上的污血，撕破自己的衣裳，包扎农夫的伤口，亲手敷上良药，早晚亲自先给农夫喂食物，然后自己才吃。将自己的坐骑卖掉，买谷子代农夫偿还地租，不让那农夫知道。

临时驻扎在泾州的淮西军统帅尹少荣，是个刚强正直之士。来到焦令谌的住处，见到焦令谌大骂说："你真的算得上是人吗？泾州田野如同赤土，人都快饿死了。而你却一定要得到租谷，又用大杖打无罪的人。段公是仁慈而有信义道德的人，而你却不知道敬重。现在段公仅有的一匹马，低价卖了买谷子送进你家，你又不知羞耻地收下了。总之你是不顾天灾、冒犯长者、打击无罪者之辈，还取仁义之人的谷子，使段先生进出无马骑，你凭什么面对天地？"焦令谌虽然凶暴傲慢，然而，听了尹少荣的话却也深感惭愧，汗流浃背，吃不下东西，说："我终究不能再见段公了！"一天傍晚，恼恨而死。

到段秀实自泾原节度使被征召为司农卿之时，告诫他的家属说："经过岐州时，朱泚可能赠送财物，切不要接受。"待到过岐州之时，朱泚坚决要赠送大绫三百匹。段秀实女婿韦晤坚决拒绝，得不到同意。到了京都，段秀实大发脾气说："你们果真没有听我的话！"韦晤谢罪说："居于卑下的地位，没有办法拒绝。"段秀实说："但是终究不能将这些东西放在我们家里。"就把这三百匹大绫送到司农卿官府治事大堂，安放在梁木上面。朱泚谋反以后，官吏将"栖木梁上"之事告诉了朱泚，朱泚叫人将大绫取下来一看，只见原来封条上的标志都还保存着。

段秀实为人和颜悦色，经常低头拱手走路，说话的口气谦恭温和，未曾以不好的脸色待人。人们见到他，倒像个读书人。遇到不能赞同之事，一定要实现自己的主张，决不是偶尔这样做。像段秀实这样的官吏可谓一身侠气，敢于抗暴，勇于维护正义，不爱钱财，称得上是骨气铮铮的侠士。

## 知识链接

### 《三侠五义》与南侠展昭

在我国古代小说中，展昭是御用侠义人物中最成功的一个典型。展昭是《三侠五义》中描写的一位著名的忠侠。《三侠五义》原名《忠烈侠义传》，是清代侠义公案小说的代表作，它叙述了宋朝包拯审案断狱、安境保民，以及侠义之士帮助官府除暴安良、行侠仗义的故事。三侠是指北侠欧阳春、南侠展昭和双侠丁兆蕙、丁兆兰，五义是指"五鼠"，即钻天鼠卢方、彻地鼠韩彰、穿山鼠徐庆、翻江鼠蒋平、锦毛鼠白玉堂。

书中叙述展昭是常州府武进县遇杰村人，气宇轩昂，武功非凡，具有三种奇功：一是剑法高超；二是极善用袖箭，二十步内百发百中；三是有纵跃绝技，平地升空，犹如云中飞燕一般。他早期浪迹江湖行侠仗义，多次救助包公和帮助包公断案，除暴安良。他初次漫游时，在一小镇遇到进京应试的包公，当时包公被抢掠妇女的杀人凶僧困于金龙寺，凶僧欲加害于包公，谋其钱财，展昭路见不平，拔刀相助，杀死凶僧，救了包公，并火烧金龙寺，为民除害。

展昭侠义之举还表现在他刚正不阿，勇于惩治危害百姓的大奸巨恶。庞太师之子安乐侯庞昱奉旨在陈州放赈，但其倚仗其父之势，不但不放赈，反而逼迫老百姓为其大兴土木造盖花园，并强抢民女，恶贯满盈。在途中，展昭遇到众多逃难之人，上前询问详情，他将银两散于众人，决心惩治这

个恶贼。他潜入庞府，设计恐吓庞昱，保护了被其抢来的女子金玉仙免遭蹂躏。这时包公奉旨前来陈州放粮，庞昱派人欲行刺包公。得知这一情况后，展昭就去迎接和保护包公，帮助包公捉拿了刺客，救出了金玉仙，擒获了庞昱。回到京城，包公欲用龙头铡铡了庞昱，奸臣庞太师请来妖道邢吉设坛兴妖法对包公进行暗害，害得包公奄奄一息，生命垂危。展昭得知后，连夜斩了妖道邢吉，破了他的妖法，取回了罪证，彻底挫败了庞太师这个奸贼的阴谋，使其得到应有的下场。

展昭行侠仗义，具有古侠雄风。他行侠具有强烈的责任感，只要见有不平之事，都要管一管。如在榆林镇，他遇到一位因婆婆生病在路边乞讨的妇女，他非常慷慨，一下送她半锭银子。有一奸徒季姥儿，说行乞妇人丈夫的坏话。展昭放心不下，到晚间来到妇人家外，听见妇人受到丈夫误解，认为银子来路不正，要休妇人。季姥儿趁机在外高声叫嚷诬陷妇人，以诈取展昭所施舍的银子，展昭扭住季姥儿，假托夜游神，高声说，妇人所得之银是正当的。然后将季姥儿带到荒郊野外，斩了这个害人的奸徒。一次展昭来到安平镇，在潘家酒楼，恶霸苗秀鱼肉乡邻，重利盘剥，逼迫一位老者偿还欠银。展昭看到后，与白玉堂一起夜探苗家寨，劫取了苗秀的不义之财，严惩了这个恶霸。

后来，展昭进入官府，跟随包公办案，也并没有丧失侠之义。展昭武功技艺高超，得到皇帝赏识，被封为御前带刀护卫，赐号"御猫"。锦毛鼠白玉堂不服，闹意气盗走了相府三宝，引展昭前往陷空岛比武。展昭不顾个人安危，只身去陷空岛与白玉堂较量，被囚禁于通天窟。当听说白玉堂手下胡烈抢了韩彰的女儿，欲给白玉堂做妻子，他义愤填膺，为伸张正义，救助弱者，展昭当面斥责白玉堂打劫抢掠之行为无异于山贼盗寇。后来真相大白，他才与白玉堂和解。最终展昭夺回三宝，并使白玉堂归附了包公，也成为一名忠侠。

在小说中，展昭杀恶霸，惩奸徒，救急难，成为一代忠义名侠。

# 第三节
# 豪侠：权行州域，称霸一方

历代的豪侠，杀富济贫，标新而立异，救人于倒悬，醒世于流俗，不求回报。其间不难看出侠义人物其精神品格中的超世俗与反世俗倾向。

## 豪侠：豪强化的侠士

两汉时期是中国武侠阶层的一个大发展时期。由于秦的短命，汉初的战国流风遗俗，对西汉新权贵们的政治模式和生活方式影响很大。战国的养士之风，在沉寂了数十年后，又死灰复燃。而两汉时的养士有两个特点。一是以养粗犷豪放之士为主。如汉成帝外戚王氏五侯满门宾客都是由豪侠楼护统领的。二是侠士们不再像先秦时的游侠无固定住所，四处飘泊，长期周游列国了。他们已经有了相对固定的出入地点，相互划分了势力范围，有了长期经营的巢穴。他们"结私交""作威福""以立强于世"，俨然是地方豪门一霸。这便是豪强化的侠士，即豪侠。

在汉初"与民休息""无为而治"的社会人文环境中，一方面是汉的政权稳固、经济繁荣，另一方面则是地方的封建势力——分封的刘姓诸王们竞相招募游侠勇士，建立私人武装。这就从根本上促进了民间武侠势力的迅猛发展。

由于武侠在社会上的势力越来越大，武侠在势力和影响的急剧膨胀过程中，开始出现了另一种分化。一部分武侠继承了战国游侠的性格，行侠仗义，施恩不图报，极大地丰富了武侠的伦理涵义；而另一部分武侠则开始"结党连群"，并与官府、大臣、公侯权贵结交，成为地方豪强化的豪侠了。

这些豪侠，同朝廷争荣誉、争威望，使百姓知游侠而不知官吏，当政的统治者们也不得不结纳著名豪侠。汉初大侠剧孟，便"以任侠显诸侯"。他的地位已经到了足以影响当时政治局势的地步。当时人称谁若得到剧孟，就相当于得到一个诸侯国的兵力。剧孟为侠中原，有很大的号召力。因而民心中有大侠而无大官。

班固在《汉书》卷九十二《游侠列传》中说，"侠者极众，而无足数者"，且"长安炽盛，街闾各有豪侠"，西汉王朝的京师重地，居然被瓜分成了四个豪侠的势力圈。"北道姚氏，西道诸杜，南道仇景，东道赵他羽""郡国豪杰，处处各有"。可怕的是，"布衣游侠剧孟、郭解之徒驰骛于间阎，权行州域，力折公侯"，可见豪侠的权势了。

汉初游侠之风盛行，是因为"禁网疏阔"，让一切自由发展。但并不等于统治者对游侠的宽容。在文、景、武三代，统治者对游侠的诛伐是相当严酷的。郭解的父亲因任侠尚气，被汉文帝诛杀。郭解行侠也被公孙弘以"睚眦杀人"罪诛灭九族。汉武帝对天下第一大侠郭解的处理，拉开了诛锄江湖豪侠的序幕。郭解本无大错，杀他只是一个借口，谁让你的势力强大到让朝廷坐立不安的地步呢？

从此，朝廷与江湖对立起来。江湖豪侠渐渐退出国家大政，侠的追求也由当初的政治功利，改变为在洒脱中求生存、求逍遥的自我发展与竞争了。

任侠之风经过汉时皇权的三次无情打击后，日渐衰弱。然而，到了六朝，士族与庶族的区分明显起来，加上曹魏时实行的九品中正制，更加助长了士族而压抑了庶族。造成了严重的阶级对立。庶族中的有识之士，长期受压抑，雄才大略不得施展。鲍照便"对案不能食，拔剑击柱长太息"。因而，除了民间一直有继承古侠的侠义传统的武侠活动外，在士族中，那些上流社会的纨绔子弟，纷纷弃文从武，循两汉豪侠之风，豪暴凌弱。

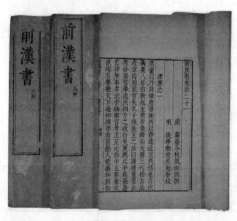

《汉书》书影

武侠的豪强色彩在中国历史上形

成了一个独特的地方贵族武装力量，与国家与地方政权相对峙，他们中的一部分渐渐变质为横行乡里、作威作福的恶势力。

在社会大动荡中，豪侠的政治野心加强，如曹操、袁绍等，"少而好侠，轻财重气""拓如豪猾，时有急难相投者，多能容匿之"，以此来扩大自己的政治影响和武装实力。而民间的那些武侠，也发生了分流。一部分人凭一身武功和勇力通过军功进入上层社会，如典韦、许诸等人，习武从军不失为一条改换门庭的捷径。而另一部分人则啸聚山林，过起了绿林生活，这成为后世武侠得以生存的最重要的土壤之一。

但是自东晋以后，长江以北大片土地沦入西北诸族的铁蹄之下，形成了一个五胡十六国长期战乱的局面。北人尚武，自然也就尚侠，豪侠勇武之人，自然也就多出自北方。

但是，我们在正史中，几乎很难看到继司马迁、班固之后还有什么人继续为游侠列传了。从《后汉书》始，游侠便上不了正史了。这说明豪侠已和朝廷对立起来，豪侠也在不断摆脱朝廷的政治影响，走上了一条自由发展的道路。

## 朱家：　藏亡匿死，　赈济贫贱

朱家超尘拔俗，以行侠仗义闻名于世。

朱家与汉代的开国皇帝汉高祖是同时代人，是鲁（孔子的故国，相当于今山东、江苏的部分地区）人。鲁地人因为孔子的缘故，大多崇尚儒教，只有朱家以任侠闻名。当时地方上的侠客和杀人者无处躲藏，均跑到朱家这里求助。他收留了数百名逃亡的豪杰之士，救了他们的命。朱家帮助过的普通人更是不计其数。他还从不吹嘘自己的本事，从不显扬自己的善行。给人做过好事后，唯恐再次遇见，为的是不要接受别人的酬金或感恩的话。帮人解决困难，他总是首先照顾贫贱之人。他自己家中并无多少钱财。他穿旧衣破衣，连色彩都不讲究；一顿饭只吃一样菜，出外乘坐的是小牛犊拉的车子。他专门救人之急，甚至于把别人的急难看得比自己的私事还重要。特别值得一提的，是他救过季布的命。

季布是楚国人，也是一位尚气任侠的豪杰，在楚国颇有名气。季布为人很守信用，楚人有一句谚语说："得黄金百镒，不如得季布一诺。"楚汉相争

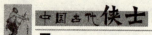

时，季布在项羽手下带兵，曾几次把汉王逼入险境。项羽失败后，汉高祖悬赏千金捉拿季布，下令谁敢藏匿季布，要罪及三族。季布躲藏在濮阳一周姓人家。周氏说："当今皇上捉拿你，风声很紧，看样子马上要搜到我家里来了。将军如果信任我，能依我的劝告行事，我就斗胆献计；如果不信任我，我愿先自杀。"季布听从他的计策，打扮成犯人的样子，剃掉头发，颈上戴上铁箍，穿上粗布衣服，钻入一辆大车中，和几十个家僮一起被周氏卖到鲁国的朱家那里。朱家心里很清楚，知道季布在其中，就买下来让他去种田，并告诫儿子："所有田里的事，都要听这个佣人的吩咐，吃饭一定要和他一起吃，不能亏待他。"

随后朱家乘着一辆小牛车，急忙赶到洛阳，去找汝阴侯滕公。汝阴侯设宴招待朱家喝了几天酒。其间朱家找了个机会问："季布犯了什么大罪，当今皇上搜捕他如此之急？"汝阴侯答道："季布帮助项羽几次三番逼皇帝入险境。皇帝十分怨恨他，所以一定要捉到他才甘心。"朱家说："依您之见，季布是什么样的人？"汝阴侯回答："是个贤者。"于是朱家说："这就是了，臣各为其主。季布为项羽所用，是他的职责。项羽手下人那么多，能都杀光吗？如今皇上新得天下，就因私仇而搜捕一人，这岂不是向天下人显示自己心胸狭窄嘛？况且以季布之贤能，逼他逼得太急，他不是向北逃到胡地去，就是向南逃到越地去。因嫉恨贤良反而帮助了敌国，这就是伍子胥所以要鞭楚平王尸体的缘故了。您为何不找机会向皇上解释解释呢？"汝阴侯心知朱家是大侠，猜想季布藏在他家，就答应照朱家说的去做。过不多久，他果真照朱家所说向皇上进言。皇上赦免了季布。后来季布被授予官职，朱家就再也不愿见他，因为他已为季布做了好事。

在那时，朱家的名声遍布天下，人们渴望同他相识。例如，楚国的田仲，也是一个小有名气的侠客，擅长使剑，像服侍父辈那样服侍朱家，自己认为行为比不上朱家。可见朱家当时的令名高义影响之大。

###  剧孟：乐善好施，赈穷济困

剧孟，洛阳人，西汉著名游侠。

洛阳人大多经商为业，惟独剧孟以任侠闻名于诸侯。

他的行为同朱家的行为大致相同，爱打抱不平，扶弱济贫，藏匿豪士，不求报酬，因此而显扬于诸侯。

　　吴、楚诸侯反叛时，皇上派周亚夫平定叛乱。周亚夫乘坐驿舍的快车赶到河南，找到剧孟，大喜过望，说："吴、楚诸侯想推翻朝廷而不用剧孟，我断定他们必败无疑。"他的意思是说，在天下骚动混乱之时，得到剧孟这样的豪杰，就如征服了一个敌国。剧孟的行为方式很像朱家，他很喜欢赌博和玩少年的游戏。剧孟母亲去世的时候，约有一千辆车子从远方来参加葬礼。但是剧孟死时，家中所剩的财产居然不值十金。

　　有一次，剧孟拜访大官袁盎，袁盎热情招待了他。一位富人大惑不解，问袁盎："我听说剧孟是个赌徒，将军为何同他友好？"袁盎答道："他虽然是赌徒，但是，他母亲死的时候，前来送葬的车子达一千多辆，这说明他一定有过人之处。何况任何人都会有遇上麻烦的时候，一旦发生急事要去叩门求助，天下只有剧孟和季心（季布的弟弟）是可以信赖、决不推诿的人。"

知识链接

### 傅汝舟的《豪士歌》

少年不傍门户立，霹雳一声天地辟。
空中读得无字书，星斗罗心云扫笔。
自许胸头有热铁，尝恐天倾地柱折。
留得一寸两寸心，不使千年万年绝。
平生有仇未屑报，荆轲聂政何须道！
呼卢走马岂不能，羞向五都同恶少。
任尔妖狐老怪腾，不值仰天发一笑。
谩骂五侯与七贵，相知或下沧浪泪。
一朝天醒君王梦，冠冕自轻布衣重。
散发扁舟五湖侧，骏马雕鞍换俊妾。
相对缑山弄碧箫，不向鸿门举玉块。

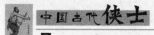
刘伶酒，阮籍杯，羌儿跪进五千斛，妖姬歌转三百回。

吁嗟乎，唏嘘哉，天人三策皆无主，孔孟六经亦何苦？

扬雄司马不足为，虬髯卧龙未堪数。

旂常千载书万年，拒与虚空作何补。

# 第四节
# 义侠：重情重义，舍生取义

义侠都具有高尚的品德。他们与人相处，只求施救于人，而不求得到别人的回报；只求解人危难，把爱奉献给别人，自己一无所取。这类舍身救难的侠士具有强烈的正义感，豪爽刚直，见义勇为，他们以救人急难为己任。良善受欺，他们就奋起除奸惩恶；贫弱困窘，他们会慷慨解囊，甚至一掷千金。他们救人急难，不畏牺牲，即使赴汤蹈火也在所不辞。

## 义侠： 以义为本的侠士

所谓"义侠"，就是重情重义，舍生取义，路见不平，拔刀相助，以有利于平民百姓、有利于民族大义为根本原则的节义之侠。"义"是"侠"的灵魂，历来被作为评价"侠"的第一准则。侠倡义，重义，讲信义，行侠义，因此，从广义上看，我们一般所说的侠都可称为义侠。当然，在中国历史上的众多侠士中，每个侠士行义的程度不同，表现各异。所以，从狭义上而言，我们可以把那些侠节高尚、智行过人的侠士称为"义侠"。他们总是严格地遵从侠义的规范，以最大的努力去实践侠义，是侠义道德的完美体现者。在他人面临灾难困厄时，他们往往能不惜牺牲自己的一切，为别人排忧解难；在面对艰难危险时，他们舍己忘身，救人性命。

《后汉书·刘平传》记载了一位具有侠义心肠的郡吏刘平。刘平本为一介文弱之士，在生死关头不惜牺牲自己的生命去解救他人。当时，郡守孙萌被叛将打败，刘平冒着白刃伏在孙萌身上，身受七处创伤。他在血泊中对叛兵说，自己愿代孙萌而死。叛兵为之感动，收起武器说："这是义士啊，不要杀他。"孙萌伤重口渴，刘平就倾出伤口的血让他喝，孙萌伤重而死，刘平扶掉到他的家乡。刘平这种侠肝义胆被后人广为称道。

隋唐之际的秦琼也是一位舍己助人、侠节高尚的义侠。史书记载，隋末天下大乱，豪杰并起。秦琼是将门之后，因他有勇仗义，又听从母训，以吴国专诸为榜样，人称"赛专诸"。他习惯使两条祖传的镏金熟铜铜，心存侠义，身怀绝技，喜欢结识天下英雄，年轻时就闻名于山东，人称"小孟尝"。有公子宇文惠及者，残害百姓，作恶多端，秦琼将宇文打死，为民除害。后来，秦琼救过李渊，救过劫皇纲的程咬金，救过落难的单雄信，尽显英雄本色、义士肝胆。他勇猛善战，深谋远虑，辅助李世民成就天下大业，受到李世民的封赏。即使在富贵时，秦琼也不失侠义之性，尽力报答朋友之恩。当李世民要杀单雄信时，为报当年单雄信的活命之恩，他千方百计营救单雄信，宁愿削去自己的官职，为单雄信赎罪，并以身家性命为其担保。秦琼疾恶如仇，智勇双全，轻功名而重友情，在历史上以"义侠"闻名。

唐人蒋防的《霍小玉传》记载了诗人李益与名妓霍小玉之间的爱情悲剧，其中出现了一位义侠——黄衫客。唐大历年间，陇西人李益20岁考中进士。长安名妓霍小玉喜爱李益的才华，倾心相许，二人情真意切，极尽欢娱。霍小玉自知出身微贱，恐怕将来被遗弃。李益发誓"粉骨碎身，誓不相舍"，并将誓言写在素绢之上，以明心迹。同居两载后，李益官授郑县主簿，遂离霍赴任。李益别霍后不久，碍于母命，与豪门卢氏之女订婚，与霍小玉断绝了来往，并秘其行踪，以断霍小玉之念。霍小玉见李益逾期不至，伤心断肠，忧愁烦闷，造成沉疾。但她还想再见李益一面，为了寻访李益的消息，她用尽钱财，遍访亲朋，多方打探，后来终于打听到李益的下落，原来他已回到长安并与卢氏结婚，心中愧疚，潜心静居，不令人知。霍将情况告诉李益的表弟崔允明。崔出面请李益与霍小玉见面，李益十分惭愧，终不肯往。风声所至，长安城中豪侠之辈皆怒李益之薄行。此时，有一位身穿黄纟衫、挟弓弹的义侠挺身而出。他用智谋和武力将李益带到霍家。霍小玉先是怒目而视，不复有言，良久，举杯中之酒洒在地上，说："我为女子，薄命如斯。君是丈夫，负心若此。韶颜稚齿，饮恨而终。……我死之后，必为厉鬼，使君妻妾，终日不安！"言罢，"掷杯于地，长恸号哭数声而绝"。由于黄衫客的干预，不仅满足了霍小玉的最后心愿，而且也使李益这个轻薄无行之徒受到了应得的唾骂和惩罚。

清康熙年间，扬州江都县出了一位舍己救乡人的"义侠"，他就是侠士胡梦豸。据徐珂《清稗类钞·义侠类·胡梦豸自承杀贼》记载：有一次，胡梦豸随父亲到上虞扫先人墓。他的父亲走在前面，遇见山贼抢劫乡民财物，就怒斥山贼不义，山贼大怒，要将其杀死。胡梦豸追赶上来，见此情景，将山贼打倒，众村民群起殴杀山贼。这时众山贼赶来要屠杀全体村民进行报复。

《霍小玉传》连环画

胡梦昴说："不能因为我一个人而使全乡人遭难。"于是独自一人入山贼大寨，承担起所有责任，他遂被山贼杀害。胡梦昴以一己之命保全了全村人的性命，大义凛然。

　　义侠救人危难之后往往不图报恩，或者极力躲避回报，不留姓名，尽量不为人所知。如汉代大侠朱家就曾冒着被杀头灭族的危险，收留了被刘邦通缉严拿的要犯季布，并予以优待，然后又不辞劳苦，千里迢迢为季布的赦免而奔波。当季布做了高官时，朱家至死不与之相见，以躲避季布的回报。他这种高尚品德得到时人和后人的称赞和敬佩。另据《清稗类钞·义侠类·白羽皇蠲金》记载，清顺治年间广昌的白羽皇家中很贫困，却好施财助人，每年以教书所得满足温饱后，所余全用来赒人之急。一日，行路中，听到一个妇女哭声很悲惨，白羽皇上前问讯，得知其丈夫被贼人诬陷，吃了官司，将卖女儿。白羽皇十分同情，随即拿出银两，送给妇女，妇女问他姓名，他不答而去。后来白羽皇去世，忽有一人携妻女至灵柩前痛哭，家人询问，才得知白羽皇捐钱助人之事。白羽皇仗义救人之急，至死不留名，表现出一般人难以企及的侠义精神。这类侠是人间最美好道德的体现者。

## 季布：一诺千金

　　季布，生卒年不详，楚地人，曾效力于西楚霸王项羽，多次击败刘邦军队。项羽败亡后，被汉高祖刘邦悬赏缉拿。后在夏侯婴说情下，刘邦饶赦了他，并拜他为郎中。惠帝时，官至中郎将。文帝时，任河东郡守。季布为人仗义，好打抱不平，以信守诺言、讲信用而著称。

　　季布生逢乱世，却成长于盛世。秦朝末年，老百姓生活在水深火热之中，一介平民的季布仅仅二十多岁，却发誓要成为一个劫富济贫的侠客。于是，他闻鸡起舞，练就了一身好武艺，路见不平，拔刀相助。后来季布游历到长江一带，为穷苦的老百姓主持正义，逐渐声名远播。

　　季布不仅勇，而且信，他最重要的品格就是诚实守信。他认为男子汉大丈夫，答应别人的事情一定办到，即使付出生命的代价也一定要办到，于是老百姓都说："得黄金百斤，不如得季布一诺。"后来这句话就演变成一个成语"一诺千金"。

　　季布是一位著名的尚气任侠的豪杰。楚汉相争时，他原是项羽的部将，骁勇善战，几次率兵打得刘邦狼狈不堪，令刘邦伤透脑筋。汉高祖灭项羽之后，以重金悬赏季布的首级，并且颁布命令：凡是窝藏季布的人，一律诛杀全族。各地衙门，闻风而动，四处搜捕季布。

季布最初躲在濮阳的一位姓周的友人家里，因为朝廷捉拿季布的风声很紧，姓周的建议他转移到朱家那里，季布同意了。于是，季布把头发剃去，装扮成奴仆的样子，藏在一个运载货物的车里，连同周家的几十个奴仆一起被运到鲁地朱家的家里，卖给了朱家。朱家知道事情真相后，就让他到田庄里干活，并告诫手下要好好对待季布。

有一天，朱家去拜访汝阴侯夏侯婴，问他："季布到底犯了什么滔天大罪，被朝廷这么急急追赶？"夏侯婴说："季布仕宦项羽时，常给当今陛下带来困扰，因此陛下对他憎恨有加，所以无论如何都要捉到他。"朱家说："您对季布的看法如何呢？"夏侯婴说："嗯，他是一个很有才能的人。"朱家说："为了主君鞠躬尽瘁，是臣下的义务，季布效忠项羽也是忠于自己的职守。就因为季布曾经是忠于项羽的部属就非杀不可吗？天下平定，汉高祖身为一国之君，难道要为了一己私怨而拼命追杀过去的敌将吗？这样不是显示自己的度量狭小吗？"夏侯婴觉得有道理，答应找个机会劝说皇上。后来夏侯婴上书汉高祖，汉高祖果然赦免了季布，并且重用他，任命他为宫廷侍卫官，季布因此也出了名。季布官居显要，名重位尊，而朱家却终身回避不再见他。

季布后来做了河东郡守，汉文帝的时候，有人说他很有才能，汉文帝便召见他，打算任命他做御史大夫。又有人说他很勇敢，但好发酒疯，难以接近。季布来到京城长安，在客馆居留了一个月，皇帝召见之后就让他回原郡。季布因此对皇上说："我没有什么功劳却受到了您的恩宠，在河东郡任职。现在陛下无缘无故地召见我，这一定是有人妄誉我来欺骗陛下；现在我来到了京城，没有接受任何事情，就此作罢，遣回原郡，这一定是有人在您面前毁谤我。陛下因为一个人赞誉我就召见，又因为一个人的毁谤而要我回去，我担心天下有见识的人听了这件事，就窥探出您为人处事的深浅了。"皇上默然不作声，觉得很难为情，过了很久才说道："河东对我来说是一个最重要的郡，好比是我的大腿和臂膀，所以我特地召见你啊！"季布也不再为难汉文帝，爽快地辞别了他，回到了河东郡。

从此以后季布再也没有回长安，曾经的英雄光芒逐渐淡去。在河东郡，季布过上了平淡安稳的日子，直到终老。

## 郭解：游侠的悲情人生

在盛世汉朝，到处是萍踪侠影，刘邦的许多部下都曾经是游侠，而郭解就是盛世游侠的典型代表。游侠所追求的自由与朝廷所倡导的秩序之间的矛盾越来越尖锐，终至水火不容，最终以郭解为代表的游侠在劫难逃，注定要被朝廷一网打尽。

郭解的祖父、父亲都是名噪一时的游侠，但都没有落个好下场。郭解的祖父死于一场声势浩大的劫杀。当时祖父和他的弟兄们见无米下锅了，于是商量一起去抢劫当地最富有的财主，而这位财主当然是人人喊打的那种。不料，当中的一个弟兄出卖了他们，结果行动那天祖父当场被官兵用利箭射死。

郭解的父亲倒没有被兄弟们出卖，但其下场更为悲惨。郭解的父亲是汉文帝时期的大侠，当时其侠名早已远播，一些无法用正常手段解决的事情往往就通过他用非常手段来解决。但到了郭解父亲这一时代，义气的局限已经大打折扣，也就是说郭解的父亲有点类似于现在的职业杀手，只为花钱雇他的人卖命。当地米商的儿子因偷税而入狱，米商花重金请郭解的父亲救出自己的儿子。郭解的父亲权衡利弊，最终达成了这场交易。最后，米商的儿子倒是救了出来，但郭解的父亲却搭上了自己的性命。

由于祖父、父亲相继被朝廷杀死，郭解对朝廷恨到了极点。父亲死后，郭解也开始了他的游侠生涯。

青年时期的郭解不是以"侠"出名，而是以"盗"出名。郭解和他的党羽常常抢劫官府的钱粮，甚至盗窃达官贵人的坟墓。不抢劫的时候，他就在家里私铸铜钱。官府三番五次地来捉拿他，可是郭解行踪诡秘，官兵们也拿他无可奈何。仰慕郭解的壮士越来越多，这些壮士往往是一些走投无路的人。郭解来者不拒，统统把他们收归门下，教他们武功，以备日后所需。

青年时期的郭解名声并不是很好，他有一种极端的性格缺陷，那就是睚眦必报，对看不顺眼的人往往采取报复措施，谁要是稍微违背他的意愿，他都要让这个人付出血的代价。但有一点值得我们注意，那就是郭解睚眦必报的对象往往是那些自以为是、趾高气扬、作威作福的官老爷。郭解有自己的原则，绝不欺负手无寸铁的老百姓，绝不欺负女人。

30岁以后，郭解脱胎换骨，真正具备了大侠风范。郭解开始行侠仗义，一般的偷盗劫杀之事则完全杜绝。逐渐地，郭解也开始爱惜自己的名声起来。

郭解对自己设下的目标是日行一善。以前他挥霍无度，现在他艰苦朴素；以前他高调张扬，现在他低调谨慎；以前他睚眦必报，现在他以德报怨。

一个全新的郭解出现在老百姓面前，老百姓有福了，遇到什么纠纷都去找郭解，遇到什么困难就去找郭解，而郭解也慷慨相助。

这才是真正的大侠。郭解的名声越来越响亮，来投靠他的门客络绎不绝。

这时，发生了一件让郭解很为难的事情。郭解的外甥喜欢喝酒，有一次和一帮狐朋狗友在家中痛饮，期间与一个朋友起了争执，被那人杀死了。郭解知道后，非常冷静，他知道他的外甥从来就不是一个安分守己的人，常常惹是生非，惹下的祸端已经不计其数了。他这回被朋友刺死，肯定有原因，于是派自己的手下追查这件事。当郭解了解了事情的来龙去脉后，没有为难那个人，自己把外甥给葬了。同时告诫他的门下，不要像他的外甥那样无理取闹，否则出了什么事情，他一概不管。人们听说了这件事，都称赞郭解有正义，来依附他的人更多了。

林子大了，什么鸟都有。郭解收的门客多了，免不了混入一些鱼目混珠之人，他们打着郭大侠的旗号，在外面惹是生非。有些门客专门找郭解以前的仇人滋事，他们瞒着郭解，敲诈勒索这些人，甚至有胆大妄为者，干出杀人越货的事来。郭解知道了以后，立马清除了这些门客，没有任何挽留的余地，并发话说以后有什么事情一定得先经过他的同意才可以去做。

汉武帝为自己修建了陵墓茂陵，茂陵修好了，但让哪些人去陪住呢？汉武帝采纳了主父偃的建议："茂陵初立，天下豪杰兼并之家，乱众民，皆可徙茂陵，内实京师，外销奸猾，此所谓不诛而害除。"简单地说就是把长安附近那些豪强地主能迁的都迁到茂陵去，以免他们尾大不掉。

主父偃这一高瞻远瞩的建议，既充实了茂陵邑，又抑制了天下豪强，正中汉武帝的下怀。于是，汉武帝立马下定诏书，让豪强们都迁徙茂陵。但谁是豪强地主也要有一定的规定，那就是家产要达到一定的数目。轵县（今河南济源市南）的郭解此时已经听到了消息，但他认为他家里的资产远远达不到所谓"豪强"的标准，也就没把这件事放在心上。但出乎意料的是，在迁徙名单中仍有郭解的名字。当时赫赫有名的大将军与郭解有过一面之缘，就在汉武帝面前替郭解求情说："郭解家贫，平日行侠仗义，素得百姓好评，他就不必迁徙了吧。"汉武帝却说："正是这样的人更应该迁徙。一个小小的布衣竟然会让将军替他求情，可见他并不是真正的贫困。"

　　郭解这样的人，曾经处处与朝廷作对，汉武帝怎么能放过他呢？在汉武帝的眼中，郭解那些侠义之举根本不值一提，像郭解这样的游侠就是扰乱社会治安的极端分子，所以，汉武帝痛恨郭解，痛恨游侠。于是，郭解不得不离开轵县，举家迁往茂陵。

　　如果是郭解一个人迁徙那就好办多了，可是现在他不是一个人，他还有成千上万的门客。如何安置这些人是一个大问题。郭解曾经为了收留逃难的人，耗尽了自己的财产。如今见郭解有难，很多正义之士纷纷前来帮助。他们驾着自己的马车来到郭解的家门口，把那些无家可归的人载回去自己收留。这是一件很秘密的事情，每天深夜几乎都有十余辆车来拉载郭解收留的门客，由此可见郭解收留门客之多。郭解离开轵县那天，轵县几乎是万人空巷，男女老少都跑到大街上夹道欢送他们心目中的大侠。汉武帝闻听了此事，不禁大怒：小小的一介草民竟然有如此巨大的煽动力和凝聚力，幸好现在把他迁走了，否则说不定将来他会干出什么事来。

　　郭解来到茂陵后，关中豪杰之士竞相来访。但这时，他的侄子闯下了弥天大罪，并最终使得他走向了亡命天涯的道路。

　　郭解的侄子比郭解的外甥更加胆大妄为。当时有一个叫杨季主的人，他的儿子在轵县当一个小小的官吏，就是他提名要把郭解押解到茂陵的。郭解的侄子对杨季主的儿子怀恨在心，找了一个机会把杨季主的儿子杀了。如果郭解此时能够大义灭亲，那这件事或许就可以大事化小，小事化了。但此时的郭解实在不忍心亲手把侄子交出去，做出了他这一辈子最不理智的一个决定。郭解决定先下手为强。于是悄悄回到轵县，把杨季主也杀了。这件事也震怒了杨季主的族人，他们发誓要郭解一家血债血偿。但杨季主的族人派人到京城告御状，可就在皇宫门阙之下，又有不知名的刺客暗杀了杨氏家人。天子脚下杀人，眼里还有王法吗？汉武帝得知消息，立即下令搜捕郭解。马上就有人通风报信，郭解立即逃亡。沿路所到之处，他都向借宿的人家说明自己的身份。尽管人人皆知他是朝廷搜捕的钦犯，却没有一人拒绝他的请求，相反，所有的人都竭尽所能地为他提供帮助。

　　逃至临晋（今山西省临猗县临晋镇），此处设有关卡，籍少公率兵镇守。籍少公虽然与郭解素不相识，但也听说过此人。这时，虽然郭解并没有明言自己究竟是何许人，但籍少公也猜了个八九不离十，可他还是毫不犹豫地放郭解出了关。等到奉命追捕的官兵，追循郭解的踪迹，来到临晋，籍少公立即抹脖子自杀，线索至此中断。

然而，朝廷并没有就此放弃追捕郭解，各地官员明察暗访，终于还是将他抓捕归案。御史大夫公孙弘狠狠地奏了郭解一本："郭解本是布衣，任侠擅权，竟以小怨杀人，解虽不知，其罪尤甚于知，应判以大逆不道，罪当族诛。"公孙弘的一番话，完全符合汉武帝的心意。皇帝当即下令，处死郭解以及他的全部族人。一代豪侠，魂归西天。

郭解走了，游侠的黄金时代也结束了。郭解死后，百姓渴盼的扶危解困、救人急难的侠士，基本上就从历史舞台上消失了。剩下的只有文艺作品中那些身怀绝技、纵横江湖、快意恩仇的剑客，但那已经是成人童话中的艺术形象了，与历史的真实相去甚远。

## 关羽：千古"义帝"称武圣

关羽，在中国人的心目中，是圣人。几乎所有的城市，乃至海外华人聚居的地方，都有关帝庙。这种关帝崇拜观，是中国特有的一种文化现象。关羽是中国人造神运动中最为成功的一个例子。人们对关羽的崇拜，主要在于其忠义。广大的底层老百姓，构成关羽崇拜的群众基础。广大的底层老百姓从他们切身利益出发，尤为需要关羽的"义"。在中国历史上，桃园三结义中的关云长，便是最具象征性的代表人物。他对刘备至死不渝的忠诚，无论曹操送他赤兔马，动摇他的意志，还是封他汉寿亭侯，诱导他变节，但关羽"身在曹营心在汉"，绝不背叛。所以，任何一座关帝庙里，都强调这个"义"字，少不了"义薄云天"之类褒扬关羽的词句。

关帝庙碑牌

《三国演义》的出现，对关羽的崇拜起到推波助澜的作用。《三国演义》是我国章回小说的开山之作，成就最高，影响最大。《三国演义》是一部忠孝节义的颂歌。它塑造了一系列栩栩如生的人物形象。作者着力赞美了刘备、关羽等人物忠义智勇的性格。《三国演义》在人物塑造上以三绝著称，关羽便是其中的义绝。在中华忠义千秋史上最为耀眼的三国侠义人物，当数关羽。《三国演义》中描述了许多关羽的侠义故事，在民间广为流传，影响颇大。

　　史书上记载的关羽是"万人之敌"一虎将，傲上而不侮下，恩怨分明，以信义著称，但"刚而自矜"，勇猛有余，智略不足。马超投降刘备后，被封为平西将军。时关羽督荆州，修书与诸葛亮，"问超人才可谁比类"，诸葛亮回信，称马超虽为一世之杰，但不如关羽"绝伦逸群"，关羽"省书大悦，以示宾客"。这是典型的有勇少谋的武将性格。但在《三国演义》中，因为他是刘备阵营中的人，又有讲信义的特点，所以，就被塑造成"义"的化身。在《三国演义》中，作者不惜笔墨，把关羽刻画成"义重如山之人"。

　　关羽（？—220 年），字云长，本字长生，河东解县宝池里下冯村（今山西省运城市常平乡）人。据民间传说他本不姓关，那年关羽 19 岁，从下冯村来至解州城，想求见郡守，陈述自己的报国之志。可是，郡守因他是无名之辈，拒不召见。当晚关羽住在县城旅店，听到隔壁有人哭，一问才知哭的人叫韩守义，女儿被城里的恶霸吕熊强占蹂躏。关羽听罢，怒火中烧，提着宝

关帝庙

剑闯进吕家，杀了吕熊和他一家，解救了姓韩的姑娘和其他良家妇女，连夜逃离了家乡。途中路过潼关村，被守关士兵截住，问他姓什么，他指着潼关随口答道："姓关。"此后他就改姓了关，再未改变。

后来桃园结义，关羽与刘、张结义起事时就立下誓言："上报国家，下安黎庶。"上报国家，就是匡复汉室，他对有心篡汉的董卓、曹操等人非常义愤，表现了对邪恶势力的不可容忍。

"许田围猎"中关羽的表现就是明显的证明。《三国演义》第二十回写曹操"骑爪黄飞电马，引十万之众，与天子猎于许田""操与天子并马而行，只争一马头"。在狩猎时候，转过土坡，忽见荆棘中跑出一只大鹿。帝连射三箭不中，顾谓操曰："卿射之。"操就讨天子弓箭，正中鹿背，倒于草中，群臣将校，只道天子射中，遂踊跃向帝呼"万岁"。曹操纵马直出，遮于天子之前以迎受之，众皆失色。关羽见状大怒，提刀拍马便出，欲杀曹操，刘备急忙拦住他。在关羽看来，曹操如此"欺君罔上"，就应诛杀，为国除害。这种对邪恶势力的仇恨与抗争，就是忠义的表现。

关羽被历代视为"重言诺，讲信义"的典范，"一诺千金的化身"。他对刘备忠贞不贰，知恩图报，可谓义薄云天。这点在"下邳被围"和"千里寻兄"中得到深刻的印证。关羽在下邳城外被曹军围困，曹操派张辽劝降，关羽则慷慨表示："吾今虽处绝境，视死如归。"最后，张辽以"兄今即死，其罪有三"说服关羽，关羽则以三事为约："一者，吾与皇叔设誓，共扶汉室，吾今只降汉帝，不降曹操；二者，二嫂处请给皇叔俸禄养赡，一应上下人等，皆不许到门；三者，但知刘皇叔去向，不管千里万里，便当辞去。三者缺一，断不肯降。"

在归降曹操之后，关羽无一日不在思念兄长，身在曹营心在汉。曹操爱他英勇，对他非常礼遇，三日一小宴，五日一大宴，上马一提金，下马一提银，赠锦赐马，但这一切都没有打动关羽。关羽也很感激曹操的恩德，但他终究不肯背弃刘备，他说新恩虽厚，旧义难忘。而且关羽恩怨分明，知恩图报，表示要"立功以报曹公，然后去"。公元200年，袁绍进军黎阳，派颜良在白马攻打刘延，曹操派关羽、张辽迎击颜良，为报曹操知遇之恩，关羽于万众之中杀颜良，袁绍诸将无一人敢阻拦。这可以说是历史上关羽的成名战，关羽被封为汉寿亭侯。但关羽身在曹营心在汉，"降汉不降曹"。曹操非常器重关羽的为人，但观察他的心神，并没有久留麾下的意愿，便对张辽道："你试着用我对关羽的恩情来试探他的意思吧！"张辽便以此询问关羽，关羽叹道："我深知曹公待我不薄，但我受刘将军厚恩，誓以共死，我绝不可背弃故主。我终究不会久留于此，我只待立了功报了曹公之恩后便会离开这里。"张辽把关羽的回答原原本本地告诉曹操，曹操对关羽这样的义举大为佩服。

等到关羽杀了颜良，曹操知道关羽必会离去，便加重对关羽的赏赐，希望留住他。但关羽后来打听到刘备的下落，仍旧把过去以来所有的赏赐尽数封存，留书拜别，"千里走单骑""过五关斩六将"投奔刘备去了。曹操的左右想追杀关羽，曹操道："关羽此举乃各为其主，不可追。"赤壁之战，曹操大败，当曹操逃到华容道时，被关羽拦住去路。关羽为报答曹操的恩德，释放了曹操，而自己甘愿受到诸葛亮的军法处置。

关羽作为三国时代的一员名将，在他身后所以受到人们的广泛推崇与景仰，演变为用中国传统文化包装的伦理型、道德型的特殊人物，被炎黄子孙视作忠义的化身，乃至成为中国历史上独一无二的"武圣"。关羽也是惟一被佛、道、儒三家崇拜的神，佛教把他当成是护法，道家、儒家则把他当成是"忠义"的象征，尊称为"关圣帝君"。至今，全国各地的"关帝庙"仍香火鼎盛，形成了博大精深、影响久远的关羽文化。

关羽一生重情义，智勇双全，武艺绝伦。后人有诗叹道：

汉末才无敌，云长独出群，
神威能奋武，儒雅更知文。
天日心如镜，《春秋》义薄云，
昭然垂千古，不止冠三分。

## 第五节
## 女侠：巾帼不让须眉

　　民间侠士不仅在男性中有，女性中也曾出现著名的侠士，她们的事迹同样动人心魄、感天动地。在中国历史上，有关女侠的记载不是很多。从一些零星的记载中，我们仅能知道少数有名有姓的女侠。唐代特殊的开放和宽松的社会风气促生了一些著名的女侠，如聂隐娘、红线女、谢小娥等。

### 女侠：　不爱红装爱武装

　　在人们深层的印象中，武侠只是男人的世界。从古到今，江湖世界，武林中人，也多是以男性世界为主唱的，女侠却鲜有绝唱。

　　由于封建礼教的影响，正史中关于女侠的记载并不多。就连后世的武侠小说也大都忽略甚至无视。只是在唐朝时因其开放的社会气氛中尚武风气日盛，在唐人传奇和唐人笔记小说中，女侠的形象开始成熟光彩照人起来，有关女侠的记载也随之多了起来。在那些记载中，我们可以看到有剑术高超的女剑侠，有为民除害的少年女侠，有隐忍复仇的女侠，更有身怀绝技的女隐侠及打抱不平、救民于水火的奇女子、女义侠。她们有一腔侠骨柔情，行侠不让须眉，义烈更赛男儿。应该说她们是武侠群体中一个重要而独特的组成部分。

## 越女试剑

《吴越春秋》中所写的"越女试剑"，是我国史籍记载最详细和最早的女剑侠。越王勾践与大臣范蠡商讨手战之术，范蠡向越王举荐了一位善于剑术的越女。越王便派出使者请越女来面试。越女在途中遇到自猿所变的老人讨教武功剑术，越女果然身手不凡，自猿呼啸而去。她与越王论剑，自称生于深山老林，无师自通，并讲了一些剑术的奥秘："如一个好的剑客应该在外表上看像一个安详的淑女，一旦出手就要像受惊的老虎。"后来，越女为越王教习军队练武，能"一人当百，百人当万"，她的剑术果然天下无敌。后来，越王复仇，终灭吴国，越女功不可没。应该说，越女是军中第一位女教头，开了女侠之先河。

越女高超的剑术令后世神往。李白就留下了"学剑越处女，超腾若流星"的诗句。金庸《射雕英雄传》中江南七怪之末女侠韩小莹所使用的就是越女剑法，后来金庸将越女的故事，演绎成一部短篇小说，名字就叫《越女剑》。

皇甫氏的《车中女子》，塑造了中国历史上第一位女性侠盗；而薛用弱的《贾人妻》，则是一位身怀绝技的侠妇，她忍辱负重数年，报了大仇之后，又杀掉亲生儿子以示"绝念"，这类女侠形象在武侠文化史上，是别开生面的。李公佐的《谢小娥》则是女侠的另一种类型。谢小娥复仇不用武功而用计谋，女扮男装，潜入仇家，手刃仇人。这些女侠的身份与个性也有区别，红线女为女奴，却可在一夜之间往返七百里，示警取盒，使田承嗣不敢妄自兴兵，将一场战祸消除。从而使"两地保其城池，万人全其性命"，此举称得上巾帼义侠，名垂千古。聂隐娘本是将门之女，却成为著名的女刺客，且多了几分神话色彩。而红拂女却是妓女行侠的范例。

侠士不是靠权力和财富立身于世的，而是靠一种侠义精神去伸张正义，铲除不平。侠士的正义在我，是无视法禁的。因而在历朝历代，都会有一些专以惩治贪官污吏为己任的侠士。朱梅叔在《埋忧集》中关于侠女"空空儿"惩治贪官污吏的故事，便是很好的一例。这位女侠隐身世外，来去无踪影，却又极关注人间时事，以其变幻莫测的武技盗术，令贪酷弄权的太保大丢颜面，闻风丧胆，"毛骨俱悚，其贪暴从此稍戢焉"，再也不敢胡作非为了。

　　自古以来，复仇报恩都是侠士行侠的原因之一。蒲松龄《聊斋志异》中"顾生遇侠女"的故事，便是如此。金陵姓顾的书生，博学多才，却因家贫，未能娶妻，平素为人作画，得些报酬奉养老母。他家对面有一空宅，有母女二人居住于此。顾生便常常接济她们。那女子十分感激，便主动与顾生交欢，且生下一子后，与顾生挑明自己的身世，并取下了仇人的头，便一如闪电而去。蒲公龄称此女为"侠"是有些道理的。她的"侠"，正在于恩怨分明，刚毅果断。有仇必报，而能忍杀父之仇以待时机；有恩必报，愿破处女之身而为贫生继嗣，却又不沉湎于儿女情长之中，有胆识、有魄力，真正是侠女豪情，令人叹为观止，仰服耳。

古代女侠形象

汤用中《卫女》篇中写卫女跟数百年前的唐朝女侠聂隐娘学剑术，洞庭湖杀贼，复仇报恩，更富一些传奇与神话色彩。聂隐娘本是唐朝的女侠，却历经百代不死，这似乎是将侠与神仙等列起来，说明了人们对侠士的倾慕之情。也寄托了人们渴望借助侠士之力，来铲除邪恶、杀尽盗贼的美好心愿。

　　宋代的孙光宪在《北梦琐言》中有过一篇《荆十三娘》。荆十三娘寡居后与进士赵中行相慕，同赴扬州。赵中行有一好友李正郎之弟李三十九，酷爱一个美妓。但他所爱的美妓却迫于父母之命，委身于诸葛殷。而诸葛殷正与吕用之勾结，蒙骗太尉高骈，权力很大。李三十九惹不起人家，只好暗自神伤，整日以泪洗面。荆十三娘知道后，愤怒之极，就对李三十九说："这点小事，算不得什么，我可以为你报仇。请您在天亮前过江，在润州北固山等我。"六月六日，李三十九如期而至，荆十三娘果然将美妓用袋子装来，并将美妓父母的人头一并送来了。此举确实成全了李三十九的美事，从诸葛殷手中夺回美人，堪称义举。但她不杀狗官诸葛殷，怕惹出别的事端，却把美人的父母杀了，实在是有点不应该了。

清代俞樾有一篇《观书幼女》，讲了一个轻功绝顶的少年女侠的故事。这个少女本不欲与进来的盗贼理论，被鼠盗扰乱了观书之雅兴也可以容忍。谁知盗贼却不知趣，得寸进尺，竟敢将她戏耍。结果惹怒了女侠，女侠以绝技，给了他应有的惩罚。这个少年女子文静娴雅，却又不失豪迈英气，将盗贼几次提起几次掷出，一个红粉侠女，女中丈夫的形象呼之欲出。

清代的文言笔记小说中，写下了大量的女子武功侠义的人物，可以说是开了一代风气。如《聊斋志异》《淞隐漫录》《客窗闲话》《虞初新志》等都有不少女侠的记载。但写得最好的，要算是吴炽昌的《白安人》和纽秀的《云娘》了。

总之，历代武侠小说中都有风格各异的女侠出现。而明清后期的长篇武侠小说中却出现了有别于以往的"英雄气壮，儿女情长"的巾帼女侠。这类女侠是江湖豪杰的一部分，她们或是江洋大盗的女儿随父母流落江湖；或是落难的下层官吏的女儿上山落草为盗。她们都生得如花似月，却有着一身绝顶武功。她们虽然也属于盗侠，但却没有太多的盗气。

这类女侠还是具有传统侠士的英雄本色和侠士品格的。她们性格刚烈，嫉恶如仇；她们仗义除恶，气吞山河；她们一身正气，凛不可犯；对奸恶好色之徒的挑衅调戏，决不手软，给予痛击，具有叱咤风云的侠风，是江湖上的一代英豪。

## 聂隐娘：　传奇女侠的传奇人生

关于江湖女侠聂隐娘的传奇故事，最早出现在唐朝裴铏的《传奇》之中，后引见于《太平广记》卷一九四。托名段成式所著的《剑侠传》里也收有这一故事。

聂隐娘，唐朝贞元年间魏博大将军聂锋之女，自幼被父母视为掌上明珠，娇爱异常。在她 10 岁的时候，有个尼姑到聂锋家中化斋讨饭，见隐娘资质清秀，婉丽可爱，十分喜欢，遂对聂锋说："敢问将军，小尼能否收留这个小女孩，传授些武艺给她。不知将军意下如何？"聂锋一听，非常恼怒，大声斥责尼姑。尼姑说："即使将军把她锁在铁柜中，我也会想法子把她带走。"当天晚上，隐娘果然不知去向。聂锋急忙派人四处寻找，但是毫无结果。从此，夫妻二人每当想念女儿的时候，只好泪眼相对。

　　5 年后，尼姑将聂隐娘又送回到聂锋家中，并且告诉聂锋说："她的武艺已经教成了，现在送还于您。"说完，飘然而去。聂锋全家见女儿回来，又悲又喜。当问及学艺时，隐娘说："一开始只是读经书，念咒语，没有做别的。"聂锋不相信，一再追问。聂隐娘便说："我说出来，恐怕你们不会相信，怎么办呢？"聂锋说："只要说真的就行。"隐娘便说："隐娘起初被尼姑带走，走了不知多少里路，等天亮的时候，来到一个大石洞里。那儿寂无人烟，但却有很多很多的猿猴，松萝遮天蔽日，让人觉得幽深无比。山洞里已经有两个十岁模样的女孩儿，都很聪明、很漂亮。她们不吃饭，却能在悬崖峭壁上飞步行走，就像敏捷的猿猴一样自如，从来不会失身跌下。尼姑给了我一粒药，让我服下，又让我手持一把宝剑，二尺多长，非常锋利，拿毛发往剑刃上一吹，毛发就被齐齐割断，让我专门追随那两个女孩儿攀援。后来，我逐渐觉得身体变得轻飘起来。一年以后武艺大增，用剑刺猿猴，能够百无一失。后来可与虎豹相搏，割下它们的脑袋带回。3 年以后，能离地飞起，让我刺鹰鸥鸦鹏，都能刺中。剑刃逐渐缩减至 5 寸，就是飞鸟遇上我的剑，也难以逃脱。到第 4 年，尼姑留下那两个女孩看守山洞，带着我到了一个都市，也不知是什么地方，找到一个官宦模样的人，一条一条地数说了他做过的许多伤天害理的坏事，最后说

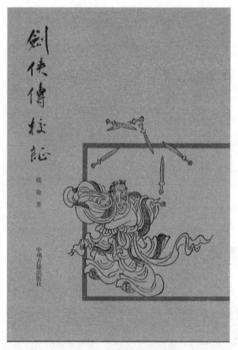

《剑侠传校正》书影

道：'隐娘，替我砍下他的脑袋，不要让人发觉。你不要怕，只要大胆，就和刺飞鸟一样容易。'说完，她递给我一把羊角匕首，刀头宽三寸，我二话没说，一出手，大白天在都市上刺杀了那个恶棍，街上的人谁也没有发觉。尼姑把那个人的头颅放入口袋。回到山洞后，尼姑用药将人头化为清水。从那以后，尼姑在传授武艺的同时，开始不断地讲一些除暴安良的道理。又有一次，尼姑说：'某某地方有个大官，无缘无故地害死了不少人。你晚上潜入他家，把这狗官的脑袋取来。'我答应后动身前往，夜晚潜入他家，只见那当官的正逗弄着一个小孩儿玩耍，小孩儿非常可爱，我不忍心下手。回来对老尼说了，老尼厉声骂道：'以后碰到这班家伙，先除掉他心爱的，然后杀他。'我只好拱手谢罪。尼姑又说：'我为你打开后脑勺，将匕首藏在里面。别担心，绝不会受伤，用的时候就可以将匕首抽出来。'并且说：'你的本事学成了，就可以回家了。'于是，她便把我送了回来，说：'二十年以后，才可以见一次面。'"聂锋听了女儿的叙述，非常恐惧。他没想到女儿完全变成了一个行侠仗义的江湖女子，而且专门与自己同僚中的赃官作对。

此后，聂隐娘每逢夜晚便会失踪，到天亮才会回来，聂锋也不敢盘问。后来，有一个磨镜的年轻人到聂锋家磨铜镜，聂隐娘心有所动，便对父亲说："这个人可以做我的夫婿。"她父亲不敢不从。于是，隐娘这一位将门女儿便嫁给了磨镜儿郎。

几年之后，聂锋去世。魏博节度使为隐娘的父亲办理了后事，他知道隐娘身手不凡，于是聘请隐娘夫妇担任自己的亲信侍卫。到元和年间，魏博元帅与陈许节度使刘昌裔发生冲突。主人便派聂隐娘前去刺杀刘昌裔。隐娘应允，和丈夫一道辞别魏博元帅，骑着黑、白两头毛驴前往许州。刘昌裔也不是等闲之辈，他会测算，准确如神，知道隐娘将来，便派出衙将到城北迎候。不一会儿，隐娘夫妇来到城门附近，忽有喜鹊噪闹，丈夫用弹弓弹之，竟然没有击中，妻子从丈夫手中一把抓过弹弓，扬手之间，喜鹊落地丧命。看到这一情景，衙将上前揖拜说："刘帅恭候，特派本官前来迎接。"听了衙将的话后，隐娘说："刘仆射果然是神人，不然，我们的事情他怎么知道得那么清楚？愿意去见刘公。"刘昌裔为他们摆了接风酒，隐娘夫妇拜谢道："我们罪该万死，刘仆射这样的好官，我们怎么能杀害呢？"刘昌裔说："不能这么说，各为其主，这是人之常情。魏州和许州现在有什么区别呢？希望能请你们留在这里。"隐娘答谢说："仆射身边没有得力的人，我们情愿舍弃那边而留在这里，主要是佩服恩公的神明呀!"其实，这时的她已经清楚地知道魏博元帅比不上刘昌裔了。刘昌裔问他们有什么需要，隐娘说："每天只需要二百文钱就足够了。"刘昌裔答应了他们的请求。

一个多月后，隐娘告诉刘昌裔："魏博不会就此罢休，必定会再派人来。今天晚上请您剪下一缕头发，用红丝扎起来，我送到魏博元帅的枕头前，用来表示我们不回去了。"刘昌裔同意，四更时，隐娘来告诉刘昌裔说："信已经送到了。他后半夜肯定会派精精儿来杀我，也要取仆射您的人头。到时候我一定想尽办法杀掉他，请仆射不要担忧。"刘昌裔知道，有隐娘在，不会有闪失。夜里，刘昌裔卧室灯烛通明，半夜里，果然见一红一白两人在房中打斗激烈，过了很长时间，只见一个人从空中摔倒在地上，已经身首异处了。隐娘现形说："精精儿已经被我杀死。"隐娘说罢，很快将精精儿的尸体用药化为清水，接着说："后半夜该派妙手空空儿接着来了，他武艺高强，我不能与他抗衡，要看刘公的福分了。现在只能用于阗玉把脖子围起来，然后拥着被子躺在床上，我变成一只比蚊子还小的虫子，钻到仆射的肠子中等着听动静，除此之外就没有什么可以逃避的地方了。"刘昌裔按照隐娘的话做好准备。到后半夜三更时分，刘昌裔闭着眼睛，不敢睡去，忽然听到脖子上铿锵一声，声音很大，很是惊心。接着，隐娘从他口中跳将出来，祝贺说："恭喜刘仆射，这回不用担心了，这个人就像一只矫健的雄鹰，在擒抓猎物时一次抓不中，马上便远走高飞，为自己的一次不果而感到羞耻。我知道，他在不到一更的时间里，能飞行一千多里路。可以相信，他已经离开这里很远了。"刘昌裔后来看了看围在脖子上的于阗美玉，果然有匕首划过的痕迹，足有几分深。从此以后，刘昌裔对隐娘夫妇更加优礼相待，情谊也更加深厚。

后来，刘昌裔从许州进京朝见皇帝，隐娘不愿跟随，对刘昌裔说："从此以后，我要云游天下，寻山问水，拜访得道高人。"此后，渐渐地，就无人知道她的下落了。

等到刘昌裔死在统军任上，隐娘又骑着一头毛驴进京，来到刘昌裔的棺材前，放声痛哭一场，然后又不声不响地走了。到文宗开成年间，刘昌裔的儿子刘纵官拜陵州刺史，走到进入四川的栈道时，无意中遇上隐娘，相貌容颜还和当年一样，仍像从前那样骑着一头白驴。两人相见，非常高兴。忽然，隐娘对刘纵说："郎君有大灾，不该到这里来。"说完，她取出一粒药，让刘纵吞下去，并告诉他说："明年要火急辞官回洛阳，才能逃脱这次灾祸，我的药力只能保你一年没有祸害。"刘纵并不是很相信，同时赠送给她许多非常漂亮的绫罗绸缎，隐娘都没有接受，只是大家一道畅饮一番，便分手告别了。一年以后，刘纵没有辞职，果然死在陵州任上。

裴铏《传奇》中有关聂隐娘的故事最为完整，情节波澜起伏，动人心弦，人物形象栩栩如生，呼之欲出。从这些故事中可以看出，人们面对藩镇割据造成的苦难现实，希望侠士横空出世铲除邪恶势力的善良愿望，赞美了除暴安良的豪侠精神，反映了人们对作为女侠的聂隐娘的崇敬和赞美之情，同时也反映出当时的所谓侠士最终还是难以摆脱作为藩镇倾轧工具的命运。

## 吕四娘： 不杀雍正， 死不瞑目

清朝历史上，最大的一桩悬案就是雍正猝死之谜。随之产生许多扑朔迷离的传说，其中最具传奇色彩的就是吕四娘刺雍正一说。侠女吕四娘，吕留良之孙女，出身于书香门第，其爷爷是清朝历史上一个固执的不合作者。雍正对这些心怀故国的知识分子的打击向来不会手软，他制造了骇人听闻的曾静文字狱案，吕家受到株连，被满门抄斩。吕四娘当时因在安徽乳娘家中，得以幸免于难，然而此事却在她幼小的心灵中种下了根深蒂固的仇恨。十三岁的吕四娘咬破手指，写下血书："不杀雍正，死不瞑目！"这个誓言成为她一生担负与追求的目标。这样的理想，浸在血与泪中，使吕四娘变得执着、坚韧，她的侠骨柔情，至今令人向往、

雍正像

追慕。

雍正十三年（1735年）八月二十一日凌晨，雍正皇帝暴死，成为清朝历史上的一桩特大悬案。对于他的死，众说纷纭，其中最具人气的说法是，侠女吕四娘为给爷爷——明末清初的大儒吕留良报仇，潜入深宫，用匕首将雍正的头颅割下。此外还有很多扑朔迷离的说法，但都不如吕四娘刺雍正一说更具传奇色彩。

这一切还得从雍正七年（1729年）发生的一场文字狱说起。

那一年，清朝历史上爆发了骇人听闻的曾静吕留良案，最终导致曾静被杀，吕留良全家被满门抄斩。这是一场因文字而引起的冤狱，故事的两位主角都是明末清初的饱学大儒。

吕留良，明朝的故老遗民，字用晦，号晚村，浙江桐乡人。他是当时有名的大学者，思想理论家。明亡后，吕留良十分眷念故国，不肯与清朝统治者合作。他抗清不是简单地写写诗，发发牢骚，而是建立了自己的一套反清理论，还亲自参与了反清复明的斗争。他主张"严华夷之大防"，一心想着恢复大明江山，为此著书立说，批驳清人入主中原的荒谬性和非正统性，与清廷的舆论导向格格不入。他在诗中说"清风虽细难吹我，明月何尝不照人"，一片拳拳的故国之心跃然纸上。

清朝初建，吕留良不但自己不入仕，还要求自己的七个儿子也不当官。长子吕葆中热心仕途，背着父亲考中进士，受到清朝皇帝的接见，自感无比荣耀，吕留良却冷言冷语地说道："这有什么稀奇的，仕宦如海，谁知道下场如何？"吕葆中不以为然。但父亲一语成谶，吕葆中后果受牵连，锒铛入狱，最后郁闷而死。他的其他六子汲取教训，都无心仕途。

吕留良对清朝科举的态度，用他自己的话说就是，但能读书识时务，不必仕进取功名，清朝的官不稀罕去做。这种固执的不合作的态度，令清朝统治者十分恼火，但碍于吕留良在江南士子中的地位和影响，他们也不敢动他。

吕葆中死后，其妻子林氏带着三岁的女儿吕四娘投奔公爹吕留良。三年后，吕留良病死，林氏母女无所依靠，只好投靠到安徽乳娘家中。没想到，这一无奈之举竟庇护了她们母女免于遭受灭门之灾，因为引起这场灾祸的正是吕留良那些"严华夷之大防"的著作。

湘中落榜学子曾静，深受吕留良"严华夷之大防"思想的影响，与吕留良的弟子严鸿逵、沈在宽交游甚密，常常聚在一起交流心得。严、沈拿出老师的遗著，与曾静一起研读。曾静被里面的文字所感染，热血沸腾，慷慨地说："大丈夫生于天地间，当为恢复故国而抛洒热血！"因此开始谋划反清复明的大业。可惜遇人不淑，被时任川陕总督的岳钟琪出卖。文弱书生曾静被捕后，遭到雍正的秘密审讯。曾静如何受得了酷刑逼供，只好将前前后后都如实招了。

在雍正看来，曾静虽然可恶，但还不至于必杀，最可恨的是吕留良的那些"严华夷之大防"的思想流毒。如果不根除吕留良的影响，即使杀了曾静，还会有曾静二世、三世、四世……站出来反对自己。因此，吕留良著书立说害人，他才是真正的罪魁祸首。

雍正公布了判决结果，宣布：曾静受到诱骗，可以免去死罪；吕留良著书立说蛊惑人心，罪在不赦，对其开棺戮尸，吕家满门抄斩。此时距吕留良故去已经好几十年了。

吕门惨案发生之时，吕四娘因在安徽乳母家中，得以幸免于难。消息传来，林氏与年纪轻轻的吕四娘悲愤无比，哭得死去活来。吕四娘年纪虽不大，却感到亲人之死如切肤之痛，这份血海深仇，誓死要报。吕四娘血性刚烈，当场咬破手指，写下"不杀雍正，死不瞑目"八个大字。四娘报仇心切，不肯再待在安徽，第二天一大早便收拾好行装，辞别了乳母，赶赴北京。

北上途中吕四娘巧逢高僧甘凤池，四娘拜之为师。甘凤池传授吕四娘飞檐走壁及刀剑武艺。吕四娘武功练成之后，辗转进京，设计潜入乾清宫，终于刺杀了雍正，削下头颅，提首级而去。

吕四娘刺雍正的故事，其真实性姑且不论，但故事本身折射出来的精神足以震烁古今。一个小姑娘，从小就失去家庭的庇护，自己将整个人生承担起来，漂泊、流浪、苦学、受挫、隐忍，最终战胜了磨难，成功刺杀雍正。四娘的遭遇证明，磨难成就了其人性中最闪光的内涵，造就了一代充满传奇色彩的女侠客。

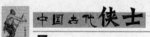

# 第六节
# 僧侠、道侠、医侠、丐侠、盗侠与匪侠

在古代侠士的世界中，还有许多方外之侠，他们虽不是侠的主流，但似乎更具有传奇色彩。这些人有的是和尚，有的是道士，有的是医者，有的是乞丐，还有的竟是盗贼和土匪。

## 僧道之侠：化外奇人，入世行侠

中国武侠是在中国这块东方土壤上产生和发展起来的。在高度封闭的、漫长的历史文化环境中产生的僧与道，自然就会形成它们的独特的民族风格。作为它的理论基础的，首先便是地地道道的中国传统哲学思想。以佛家与道家理论为指导，衍生出了武学的两大门派。武侠小说中常常出现的出类拔萃的武林高手，他们的武功出处不是佛家弟子便是道家门生。"少林"与"武当"一向被奉为武林泰斗，正是推崇释道两派的结果。

中国历史上的佛道两家都有尚武传统。在公理敌不过强权的世界里，佛道两家若要超度众生、护法伏魔，有时就顾不上以"慈悲为怀"了，就要仗义任侠、以暴易暴。

和尚道士本是方外之人，本应看破红尘恩怨，视世间一切为过眼烟云。但他们却执意卷入人世间的纷争打斗。其实，这正是僧道身上所表现出来的对人世间疾苦的一种终极关怀，是一种积极入世的精神状态。

僧道侧身武林，不仅带来了盖世武功，而且也为江湖提供了一种全新的道德规范。普通的尚武侠士在刀口上度日，为了生存，他们须得心黑手狠，

154

方能立身于世。一出手就要伤人要害、取人性命。否则，他们连自身也会难保。因而，很容易滑向快意恩仇的反面——偏执、残忍。而僧道却反对嗜血逞勇，主张慈悲为怀。这就给武林世界带来一股清新之气。

侠讲究"自由"，道追求"逍遥"，二者的结合，则为道侠。他们追求人格独立和精神自由。

道侠多是生活中的落难之辈，对自己的苦难有着切肤之痛，因而从苦难中追求自由是他们行侠的出发点。即使在他们练成神功绝技之后，也是飘然逍遥，无为而不与人争，远离红尘，缥缈江湖，很少参与帮派之争，主要是在救助别人的苦难中，自己也得到自由。历史上最著名的是道侠士张三丰。

佛教思想与侠义观念有许多相通之处。佛家主张慈悲为怀，普度众生。佛教思想中有强烈的利他精神。佛教非常注重个人对社会对人类的贡献。例如，广行布施，主张时时处处要为别人着想，热心帮助别人，为别人干好事，办实事，使别人得到实实在在的好处，助人为乐，与人为善。正因为包含了这种利他的侠义精神，所以，佛门中也出现了许多侠士。他们有与世俗侠士相同的侠肝义胆。他们的身心并没有超然世外，漠视人间的苦难，而是有着极强的道义感和责任感，把在人间打抱不平，解救急难视为自己的天职。

佛侠有着浓厚的宗教色彩。在中华民族的历史发展过程中，佛与侠时时交融在一起。佛学对于中国侠文化的影响是一种真正意义上的文化融合，是受苦受难者的理想所在。

**鲁智深**

佛家出侠，花和尚鲁智深就是一位人们熟悉的僧侠。他三拳打死镇关西、大闹野猪林、夜闹桃花镇、火烧瓦罐寺就是他行侠的写证；再看济公，这是一位带有神秘色彩的侠僧。他"本是奉佛法旨意，为度世而来，自己在外面济困扶贫，劝化众生"。佛侠的行为本身，已经证实中国文化与中国社会需要一种与现实社会不同的带有神秘色彩的侠义理想。

历史上最著名的佛侠出自少林寺。少林武术的发扬光大，始于隋唐之际。隋朝末年，天下大乱，少林寺被山贼所劫僧众奋起拒敌，贼人纵火烧毁了寺院。秦王李世民与郑帝王世充作战，少林武僧应邀相助，活捉了王仁则，逼降王世充，这就是历史上著名的"十三棍僧救唐王"。

从宋到元，少林武功有了一个极大的发展。元代大圣紧那罗王传授少林棍法自成一宗，福裕禅师汇集了少林短打，少林武术的特点日渐突出。到了明代便形成了少林"以搏名天下"的威名。

明代嘉靖年间少林寺组织僧兵到江南抗倭。抗倭名将戚继光的枪法，却是源于唐顺之之手。唐顺之本是位少林武林高手，其武功已达出神入化之境。说戚家军的武功出自少林也不过分。而另一个抗倭名将俞大猷据说也与少林大有关系。天启五年，树立"少林观武碑"，成为天下武林之宗。

明代的著名武僧，大致有觉远上人、小山和尚、月空和尚、痛禅上人等人。皆为武林中的超一流高手。明代后期，少林武术渐渐从以棍法为主转向拳法，同时吸收了很多民间拳种，集天下武功之大成，形成少林派。

到了清代，少林义士僧侠，又积极从事反清复明的秘密活动。康熙年间，朝廷因少林寺藏匿反清义士"谋逆"而将其焚烧，并严禁民间练武。少林武术转入地下状态，并有一支转入南方，创立了洪门。清代的少林高手有铁斋、致善、致果、天虹、湛举、五枚、古轮、妙兴、贞续、德根等人。

知识链接

## 妙兴大师

少林寺妙兴大师是一代武林高手，亦是一位佛侠。字文豪，号金罗汉，河南登封人。幼时习武，兼功翰墨，尤嗜佛学。十七八岁时，武功渐渐成熟，便遍游大江南北，遇到高手甚多，且相互研讨，技得大成。20世纪初，曾在旧军队任过团长一职，但看到军阀混战，自感当兵可耻，乃放下屠刀，解甲归田，以诵经习武为乐。又过了数年，感到国势飘零，人民颠沛，道德沦丧，于愧恨之余，入嵩山少林寺剃度为僧。在这里他深得掌教方丈喜爱，传授他不少少林嫡宗秘技的看家功夫。其中以罗汉拳、点穴、卸骨、擒拿、按导、练气行功之法为最。待方丈圆寂后，妙兴大师继任掌教之职。他任方丈之后，"打破历来秘技不传外人之旨，以发扬授以少林嫡宗拳械及各种功夫武术，强种强国为职志"。故少林历代宗派不传之秘技，到了他的任内，便开始传授给了众多的俗家弟子。当时，他的弟子甚多，僧徒5000余人，俗家弟子200人。

妙兴大师曾著有《少林宗派渊源世系图解》《少林拳解》《少林棍解》《达摩五拳经》《禅杖图解》《少林戒约释义》等书。可惜这些皆为少林寺珍藏，未能问世。民国十七年，金恩忠先生随军游少林寺，蒙得妙兴大师授以先天罗汉拳、白猿剑法、七十二艺、性功秘诀等抄本。金先生不负师命，发扬少林宗风，将师傅往年赠他的各种拳谱，编辑成书。

妙兴大师过世后，《少林七十二艺练法》的作者，妙兴的俗家弟子金恩忠有一副挽联曰：

瞻彼昂昂金罗汉，拳剑枪刀，交发并至，跳龙卧虎，尚武精神，豪气鹏鹏贯牛斗。

叹我堂堂勇禅师，胆坚铁石，志烈秋霜，发扬国粹，救我民族，大义凛凛满乾坤。

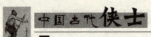

可以说少林武功是天下武学宝库，不愧为武林第一大门派。因而少林武僧常常在江湖上，充当着"道义"的维护者和保护者的角色。

## 济公： 哪里有不平哪里有我

济公是一位在民间流传极为广泛的"僧侠"。

济公，释名道济，相传为南宋临安灵隐寺的一位和尚。其父为浙江天台县人、京营节度使李茂春。传说他降生之际，红光罩院，异香扑鼻。国清寺高僧性空长老前去致贺，并为其取名修缘。修缘幼年读书，聪慧过人。至十四岁时，他已将四书五经、诸子百家倒背如流，而且对佛教经卷有特殊爱好，读之不舍。后李、王夫妇二人相继病逝，修缘于十八岁上服双亲孝满后看破红尘，决意出家为僧。游历至杭州西湖飞来峰灵隐寺，要求长老为他剃度。寺中主持元空长老见修缘面，知其为西天金身降龙罗汉转世，奉佛法旨专为度世而来，乃收为徒弟，取法名道济。后世所称"济公"即由此而生。

济公塑像

ZHENG SHUO GU DAI XIA SHI

　　道济坐禅，往往不守寺规，不愿恪守坐禅诵经的单调生活，他平素总是一副疯疯癫癫的样子，专好到寺外四处游走。他有着自己独特的外貌："身高五尺来长，短发二寸开外。一脸泥污，一袭破僧衣，短袖缺领，腰系丝绦，疙里疙瘩。光着两只脚，拖着一双破草鞋。"和尚不像和尚，乞丐不像乞丐，可谓不伦不类。他的言行举止更是为世人侧目：玩世不恭、吊儿郎当，酒店饮酒，寺中吃肉，常常是喝得酩酊大醉，一路歪斜，踉跄而行。他不贪恋钱财，化缘来的银两如水一般从手头流过，分文不取，却又喜欢打秋风，占小便宜。身上一文不名，竟然到酒楼饭庄吃喝，兴致来了，连路边穷苦小贩也不放过，不是强拿人家几个馒头，就是顺手牵走几头大蒜。他吃喝时每每弄得汤菜满脸，油污满手。与人打架时，总是手持一把破扇子东蹿西跳，一味拧对手的胳膊，肆意逗弄玩耍。诸如此类，都给人留下极深的印象，故而世人有"疯和尚""济癫"之称，济公也乐得以疯癫自居，行为更加随心所欲。他本罗汉转世，对人间一切事物都已洞晓，且专爱做扶危济困、打抱不平之事，因而又被世人誉为"活佛""圣僧"。

　　一日游西湖，济公见湖边树林里有人上吊，急忙上前制止。细细盘问，乃知此人为镇江府的锤金工匠，名董士宏，当初因母亲病重无钱医治，忍痛将幼女典当在顾进士家为婢，十年后前来赎女，可顾家升迁外任，已不知去向，数载辛苦积攒下的五十两银子又被人偷走，痛悔至极，便想一死了之。济公问明情由，又推知董女现已转卖给贵族赵家做丫环，便带士宏前往赵宅。赵家六岁孙子正病势沉重，老太太心疼孙子，急出病来，昏迷不醒，全家正为求不到良医而焦虑万般。此时济公登门，巧施禅机。转眼间，赵家老太太和幼子病体痊愈，士宏与女儿也得以相见。经济公说破，赵家欣然让落难的董氏父女骨肉团圆，济公自己则不取一文一粟，摇扇踏歌而去。

　　济公最不能容忍天下不平之事。哪里有不平，哪里就有济公出现。民众遭难，多由贪官污吏恶霸流氓引起，济公救人急难，往往把这些恶人作为打击戏弄的对象。济公法力广大，性情滑稽，他惩治那些恶人的方式常常是恶作剧式的，就是让恶人出乖露丑，让受欺压的弱者出气解恨，让旁观者开怀大笑。

　　有一次，济公为灵隐寺化缘重修被火烧掉的大碑楼，临安绅董富户慕济公"活佛"之名，争相捐赠银两，各木料厂也纷纷将最好的大木施舍于寺中。正在此时，当朝丞相秦喜也打算修复相府花园中的阁天楼，所需木料不敷使用。丞相派管家去灵隐寺借料，管家们仗势横行，到灵隐寺拆毁大碑楼，强取木料，济公挺身出来制止。管家命家奴一拥而上，将济公掀翻在地，大打出手，拳头脚尖如雨而下。只听得地上叫唤不迭："别打，别打。"众人一听声音不对，仔细一看，躺在地上的却是大都管秦安，此时已被打得鼻青脸肿，浑身是伤。济公呢，站在一旁，拍手嬉笑。管家等人十分恼怒，一齐朝济公扑来。济公念动咒语，众家奴捉对厮打，十八个家奴打成九对，四个管家也分成两拨，滚作一团。众家奴直打得横七竖八，躬腰缩背，眼冒金星，狼狈不堪，引得围观者开怀大笑。秦喜闻听，勃然大怒，命令官兵围困灵隐寺，将主持以下数人用铁链锁上，带到府中。秦喜亲自审理，叫手下用灌了水银的竹棍痛打"疯僧"。济公祭起佛法，那棍子却像长了眼睛一般，老是打在家丁自己身上，到最后，那水银大棍居然脱手直向坐在太师椅上的秦喜飞去，吓得他心惊胆战，一个趔趄跌了下来。

在临安城里，有四大恶霸当道，为首者是号称"花太岁"的王胜仙，官拜大理寺正卿，又是当朝丞相秦喜的表弟。此人倚仗表兄权势，在临安横行霸道，胡作非为，凡被他看中的美貌妇女，无不抢入府中，加以侮辱，受害之家是敢怒不敢言。有一次，这位花太岁王胜仙看中了打虎英雄窦永衡的妻子周氏。京营殿帅陆炳文为巴结秦相，不惜卖身投靠，与王胜仙狼狈为奸，设计害人。先由陆炳文串通在押盗贼诬陷罪名，将窦打入死牢，复将周氏诱入王府，锁在合欢楼内。济公闻知此事，与众侠士一起把窦氏夫妇救出来。恰在此时，周氏之弟周坤闯入王府救姐，被数以百计的官兵团团围住。济公赶紧施展法术，刮起一阵旋风，罩住王家花园，一眨眼间，把整座大楼烧成一片瓦砾。济公乘乱救走了周氏姐弟。陆炳文一计不成，又生一计。他发现梅成玉之妹梅碧环相貌超群，便设计强行聘给王胜仙，为免生枝节，他派官兵包围梅家兄妹住处，限时花轿抬人。济公闻讯赶来，为了惩治作恶之人，他把一条白狗点化成碧环模样，众官兵不知实情，欣欣然抬入王府。洞房之夜，王胜仙扑向碧环，白狗显形，抖擞精神，一口咬掉这位花太岁的鼻子。秦喜得知，一怒之下，将陆炳文革职，陆炳文在返乡途中再次遭到恶报。

济公不仅仗义行侠，还有一副乐善好施的心肠。他对那些陷于困境和贫穷的人们，或帮助他们骨肉重逢，夫妻团圆，或以钱财相赠，资助他们摆脱困境。

济公还有一套医治人间病魔的特殊本领，为需要医治的世人解除痛苦。

他曾为某位承相之子治过"大头瘟"，为苏北老母治过"紧痰绝"，连临安太守赵凤山也专门请他给失明的婶母治疗眼疾。济公治愈救活众多病危之人，却不图一钱一饭的报答，故人称"活佛"。

对于百姓的困厄，济公总是设法解除。有一次，他在昆山街口得知，贞女赵玉贞守寡独居，遭歹徒欺侮，被人诬陷有奸情，被休回娘家，父亲迫她自尽。济公设计让这个受冤女子的冤情大白于天下，使陷害她的大伯哥受到惩罚。还有一次，济公路过萧山县时，得知一个叫刘喜的妻子被人杀害，一个书生和一个老头儿被官府屈打成招。济公用托梦的方式给知县提供破案线索，最后抓住了真凶。

这类事例真是不胜枚举：书生高国泰路经余杭县，被人诬陷参与当地一起盗贼持刀杀人抢劫案而下狱，这时济公出现了，为其昭雪冤案，并擒获真凶。富豪苏员外的书童苏福，借主人的名声在外招摇撞骗，逼抢民女，为济公所知，济公略施小技，让这位书童受到应有的惩罚。昆山县孝廉李文芳为独占家财，买通下人制造"奸情"，将守贞的弟媳逐出家门，济公得知，帮知县理清了这件错综复杂的诬陷案，保护了好人，惩治了奸诈之徒。临安钱塘关开豆腐店的周得山，依靠小本经营，三口之家勉强度日，后因生病半年，不得已借了恶霸孙泰来的高利贷，结果豆腐店被孙家打手砸得稀烂，一家人被逼得寻死。还是济公路见不平，挺身相助，最后迫使孙家拿出二百五十两银子赔偿周得山，使其得以重建豆腐店，挽救了一家人的性命。

济公的任侠传说表达了广大受压迫群众的愿望和理想，其侠义故事流传千古。

## 丐侠：　浪迹天涯，　仗义行侠

丐帮，在新武侠小说中常常被描写为江湖第一大门派，并将它称为"天下第一大帮"。乞丐在中国历史上人数众多，遍布全国，且组织严密，历史悠久，是中国秘密社会的一个重要组成部分，也是侠的辅助形式和依托形式。

不管怎么说，中国历史上农耕文明的早熟，使得发达的内地可开垦的土地很快得到了一种"人口的爆炸"与"土地的饱和"，在这种"极限"之下，人多地少的结果，造成了"礼治秩序"的混乱。而人的生存永远是第一位的。于是，大量的劳动力从耕地上被排挤出来，流入社会与江湖市井，各谋生路，其中很大一部分是靠行乞为生的。

丐帮在全国虽然没有统一的组织，但是他们在各地却划分着自己的领地和势力范围，自成体系，不允许别人侵入。同时帮内的等级森严，不允许逾越一步。他们凭借严密的组织力量，对各自拥有的地段内的官与民均形成了有力的威慑。

中国的丐帮在复杂多变的社会人群中，站住了脚，并形成了一股不可低估的社会势力，这和乞丐在产生与演变过程中形成的江湖义气有直接原因。丐作为江湖中的重要一员，受到那些游走江湖之士所具有的重友谊、讲信义、济人困危、伸张正义的侠义精神的影响，在维系其团体内部的人际关系中，为了生存发展，他们必须在遵守帮规的同时，讲江湖义气，作行侠仗义之举。

事实上，丐侠是最能体现游侠这个"游"字的本质涵义了。你看，僧道多是在佛寺道观里修行；官宦人在魏阙身不由己；士虽有游学传统，但总是希望有朝一日能被朝廷录用；刺客与侠医常常隐而不出；义军占山为王，划地为"牢"；唯有乞丐多是无家无室、无牵无挂，云游四方，享有最大的行动自由的。他们一无所有，却傲然于世，仗义行侠。

春秋时的义侠豫让，为报智伯知遇之恩，替主人报仇，不惜为刑人、为乞丐。两次行刺赵襄子不成，最后舍生取义。豫让行乞虽与一般乞丐行乞的目的不同，但他却是置身于乞丐之中，才完成"大业"的。这说明义侠与乞丐时而是联姻的。

民国初年的《虞初广志》"记奇丐"中，记载了一群很讲义气的乞丐。他们在人际交往中，所表现出来的是中华民族文化中的一种传统美德，是令人过目不忘的。懋斋先生贫穷乏资，难以赴京赶考之时，其亲朋却无一人伸出援助之手。而与他无亲无故的乞丐却救人于困厄，行侠仗义，帮助先生渡过了难关，却不求回报，充分显示了他们的那种侠义精神。

当然，在民族危亡之际，乞丐的侠义精神表现出了不屈于强敌，为拯救国家民族之难而出生入死、挺身而出的行为。

明代无名氏《云间杂志》中有一篇小说《张二郎》，写了水性极好的丐者张二郎，多次泅水深入贼巢，刺探敌情，杀敌立功的抗倭斗争的故事。这个人大概是武侠小说史上第一个侠丐形象吧。

但是，在历史上张二郎是确有其人的。据《松江府志》记载：明朝末年，国难日重，东南沿海一带的倭寇侵扰愈演愈烈。大敌当前，乞丐中的一些有民族气节之士，便挺身而出，抗击倭寇。嘉靖三十三年（1554年），他应征在方太守属下参加抗倭。为使国家不受外辱，他出生入死，屡立战功。事后却谢绝一切利禄富贵，仍愿乞讨为生。

金庸《射雕英雄传》中的洪七公、《天龙八部》中的乔峰都是行侠仗义的乞丐领袖，把天下第一大帮丐帮的侠义精神发挥得淋漓尽致。

## 医侠：　悬壶济世，　救死扶伤

江湖险恶，武林血腥。争斗拼杀，总会流血。

自古以来，刀枪相向、兵林相向的战场搏杀，无论是拔刀相向，还是飞花摘叶，皆可伤人。但是如果就这样一味地厮杀下去，武林必将走向日益衰弱、人才凋零的局面。

武侠的血脉之所以能够不绝，且日益强大，幸好有了两种人的存在：一是以慈悲为怀的僧人与道人，他们是主张善武而反对嗜血的，他们讲经布道净化着侠士的心灵；另一种人则是从事医学的医师，他们救死、疗伤、解毒，以自己的医术妙手回春，延续着侠士的生命和武功。

医生在武林中、军队中享有很高的威信。无论是敌我双方处于什么态势、或是白道黑道上的头面人物，一般都不会为难医生的。历史上或武侠小说中的医生大多被披上一层神秘的色彩，许多医生都被冠以"名医""神医""圣医"的名号，医道通天。

过去中国行医是以中医为主的。中医讲究人体经络穴位。在武侠小说中，经络穴位不仅是祛病、扶伤的关键，而且是武功精湛的不二法门。北宋名医王惟一曾建议朝廷铸造针灸铜人两具，并手撰《铜人腧穴针灸图经》一书三卷。铜人也好，图经也罢，本来只是具有医学价值，却被后世视为惊世骇俗的武学秘籍。

其实，江湖上崇拜医的传统，不外乎一是为了疗伤，二是为了学到一流的武功。历史上的侠医通常是淡泊名利、离群索居、不介入江湖纷争，有一种隐士风骨的人。在历史上，东汉初年，有一位在涪水附近的神医，以钓鱼为乐，不愿向人们透露自己的姓名，人们只好叫他涪翁。汉末的华佗，就曾拒绝做官的荐举，而隐居山林荒野。南朝的陶弘景辞官隐居茅山，有"山中宰相"之称。他在山野之中寻访医药，写成《本草经集注》。由此可见，医生

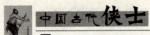
与侠士是不同的。侠士向往的是有着血腥味的江湖，而侠医则陶醉于山野民间。这是两种根本不同的生存空间和价值体系。

侠医行侠，靠的是自己的一技之长和一颗不同寻常的心灵，就是说他们既行侠，也行医。虽然侠医们大多不会武功，但他们具有丰富的健康保健知识，他们中的许多人，本身没有武功，他们行侠凭的是仗义。

## 盗侠与匪侠：落草为寇，劫富济贫

人们把这种梁山英雄式的绿林好汉称之为侠士、义士，由于他们对社会现实严重不满，但是又找不到一条正确的道路去改变这种现实，被迫沦落为盗匪，以行侠仗义为己任，抒大丈夫之胸怀，标榜以手中武器扫尽天下不平之事。他们的行为大多为只抢大户，不掠民众，甚至劫富济贫，故而被人们称之为"侠盗"。他们中有些人家产丰厚，也受过一定的文化教育，性格豪爽，喜好交友，路见不平常拔刀相助，因为得罪了官府或地方实力派，惹来官司，逼上梁山；还有的人性格倔强耿直，不肯趋炎附势，受到奸佞之徒的攻讦和迫害，激愤之下与仇人刀兵相见，然后遁入绿林；有的人则是因为对社会现实不满而要通过砍砍杀杀去改造这种黑暗的状况。这样一些侠盗式的土匪在四处活动的时候，不扰民，只劫官，甚至在民族危机空前严重的时候，能够投身进步事业，将民族利益置于首位。

在中国封建社会中，凡起事反抗朝廷者都被统治阶级污蔑为"匪""寇""盗""贼"。我们要看到，亡命江湖者，其中不乏仁人志士，他们虽啸聚山林，却有许多英雄侠义之举。

山东、东北多盗，尤其是清代中叶以来。据当地人士记载："曹州之在山东，尤称盗薮。其俗剽悍，黠者以盗为稔途，愿者自附其门，尚屏不得人，故州谚有'十年学盗，五年学儒'之谣。""盗既横行如此，然颇重然诺，守信义，一言既出，虽千金可猎，亦弃勿顾。以余所闻，盗既如是，悍且神矣，然曹州之地，竟以一乡民，抗如林之盗众，而卒无祸，斯可异矣！"而东北盗匪，时人亦有"彼辈颇尚义，不劫华商之小贩及孤旅，惟劫富商、掠俄人"的记载。

光绪年间，吉林大盗白胜魁在东北一带颇负盛名。他身怀绝技，翻墙越壁，如履平地，而且精于技击，骁勇无比。他行劫但不杀人，专劫富户，周济穷人。在他所居之处周围 30 里地内，不但他自己不扰乡民，而且土匪绝迹。一旦出现劫案，白胜魁便亲往查捕，并追赃给失主。因此，当地的百姓都尊称他为"白大爷"。另一关东绿林"渠魁"花蝴蝶周五，被官府迫害入狱，倾家荡产。出狱后结伙为盗，一面与土匪为敌，一面杀官吏以泄愤，所劫财物，散赈贫民。后被人出卖就刑，"有见之者，谓其身长五尺余，双目奕奕有神，自云：'两臂有千斤力，余仇已报，今虽死，亦无憾矣！'"

据史料记载，中日甲午战争后，辽宁省牛庄有一位叫赵志刚的铁匠，为人有胆有识，深得当地贫苦群众的爱戴，称之为赵义士。当地有个姓范的恶霸地主逼令佃农白老头将其女儿菊花押为侍女，引起赵志刚的愤慨。有一天夜里，他探知范氏夫妇毒打菊花，便越墙潜入范宅，杀死范恶霸，救出菊花，随后聚集贫苦群众数十人组织穷人队。赵志刚本人亲自率领青壮年杀富济贫，为穷人报仇。老弱妇孺则由白老头率领，到处吃大家，声势颇为浩大。赵志刚后来加入同盟会，参加反清斗争，表现很勇敢。辛亥革命时，赵志刚不幸被部下出卖而牺牲。

宋以后封建王朝日趋腐败，专制统治日甚一日，下层社会有许多人铤而走险，落草为寇。其中有一些是残害百姓的匪徒，但也确有不少属于被逼上梁山的无辜百姓，《水浒传》中的许多英雄人物就属于此类。他们普遍崇侠尚义，反抗宋王朝的封建统治，成为各路农民起义军中一支重要的武装力量。

清朝咸丰、同治年间，两淮地区盛行走贩私盐的枭匪，他们中的不少人都曾投身于捻军起义；两广地区的三合会、三点会则踊跃加入洪兵起义。

## 第七节
## 武侠：以武犯禁，仗剑天涯

在一般老百姓心里，他们总是把侠士与武艺连在一起，认为侠士都会武艺，侠士只有一种——武侠。因为凭武艺打抱不平、见义勇为、除暴安良的事迹总是轰轰烈烈，既被为非作歹之徒所忌惮，又能替受害百姓出气泄愤。凭武艺以暴易暴，以强压强，以报仇雪恨制欺压良善，在老百姓心里是大快人心的事。

### 武侠：　艺高人胆大

武侠必须要有高超武功。

习武人多以武艺高强、行侠仗义为自己的追求目标。我们所知颇具侠名的"京都大侠"大刀王五，"南北大侠"杜心武，"北方大侠"王荣标，"齐鲁大侠"丁玉山，"川西大侠"杨畏之，"沱南侠"韩其昌以及许许多多没有侠名绰号的武林高手，如"单刀"李存义、"眼镜程"程廷华、"赛毛遂"魏昌义、"黄面虎"霍元甲、"鹰爪王"陈子正，还有韩慕侠、黄飞鸿，等等，哪个不是响当当的武林高手！《清史稿》记载大侠甘凤池"善借其力以制之耳。手能破尖，握铅锡化为水"，是说他既有借力打力的本事，又有化锡铅为水的内功。《清稗类钞》记白泰官"艺不及人，而能腾踔空中"。在诛杀淫僧了因一战中，他"从空中飞下，直劈其首，自顶至项，折为半"。

武侠行侠仗义多是个人行动。其武功是单打独斗的功夫，还需掌握夜行术。这是因为武侠行动不事张扬，甚至做好事不留名。他们行侠仗义常在夜间。一来可保证自己的侠士身份不暴露，二来不与贼人公开结仇，三来以防事未做成有损个人名声。武侠所用兵器多为短兵器，刀、剑、匕首、判官笔、峨嵋刺为常见，九节鞭、小梢子棍等也有人用。此外就是用暗器。如，飞镖、袖箭、袖弩、紧背低头花妆弩、金钱镖、飞蝗石子等。为方便飞檐走壁，还会使用飞抓百链锁一类的软器械。夜行侠士总是身背百宝囊，里面装着上述有用的东西，还会装着熏香迷药和溜门撬锁的工具。

## 知识链接

### 风尘三侠

　　风尘三侠是隋末唐初虬髯客、李靖、红拂女的合称。《旧唐书》说李靖年轻时"姿貌瑰伟"，心怀大志，深通兵法谋略；红拂女则是一个倾国倾城的绝代佳人，而且"观其肌肤仪状，言词气性，真天人也！"在权臣杨素府中得见李靖之后，心甚慕之，深夜越宅相访，遂成秦晋之好，并马行走江湖。二人在旅途中偶遇虬髯客，红拂女的美貌也深深吸引了风尘大侠虬髯客。红拂女在客栈梳理长发之时，虬髯客为之着迷，红拂女何等聪明！她看出虬髯客非一般人物，乃主动与虬髯客招呼，与之结为兄妹，并介绍李靖与虬髯客相识。遂三骑并马而行，浪迹天涯。

## 甘凤池： 江南大侠， 惩恶除奸

　　甘凤池，是清代康熙、雍正、乾隆三朝闻名遐迩的江南八大侠之一。他的侠义故事直到现在仍然被人广为传诵。

　　甘凤池从小就立志习武建功，成为一名顶天立地的英雄豪杰。起先，由于他身材矮小，弱不禁风，所以常常受到同龄伙伴的鄙视，就是他投拜的武师开始时也不乐意收他为徒。当时，江宁有位叫张长公的武师，远近闻名，他武艺高强，徒弟众多。年幼的甘凤池自然也请求做他的入门弟子。张武师见他长得像个瘦弱文人，就拒绝了他的请求。但是，甘凤池没有就此罢休，他向张武师苦苦哀求，一再表明自己立志学武的心迹，最终打动了张长公，收留他做弟子。

甘凤池悟性极强，而且刻苦好学，无论寒冬腊月，还是三伏暑天，他都闻鸡起舞，勤学苦练，因而进步很快。渐渐地，张武师对这位其貌不扬的徒弟变得喜爱起来。十几年之后，甘凤池将师傅传授的内外功夫全都学到手，练就了一身好本领。出师后，甘凤池逐渐成为一位不可轻视的武林高手，在江湖上的名气越来越大。

甘凤池一世习武，从未停止。在四十岁左右时，他结识了江南八侠之一的吕元。吕元武艺高深，为了反清复明，曾一个人远走台湾。他发现甘凤池虽然外功和硬功已臻上乘，但在内功、软功方面尚有欠缺，于是，将他引荐给朝元和尚。朝元和尚毫无保留地将内功秘诀传授于甘凤池。这样一来，中年以后的甘凤池，武功已经达到炉火纯青的地步了。

在离开师父张长公的时候，师父曾叮嘱甘凤池说："你虽生不逢时，不能建功立业，但要讲武林道德，扶善锄恶，行侠仗义，切不可恃强凌弱，为虎作伥。"对于师训，甘凤池在他以后的江湖生涯中始终牢记着。他常常出手严惩罪大恶极的恶霸，教训仗势欺人的无赖，为贫苦百姓排忧解难。

甘凤池身无定居，常常四处漂泊奔走，习武谋生。有一次，他来到苏北泰州。泰州黄桥的一个地头蛇叫"打人王"，此人武艺超群，尤其是头部功夫非同寻常，号称头坚如铁，所以又叫"王铁头"。但此人武德甚差，为世人所不齿。王铁头在当地欺压乡民，称王称霸。刚到泰州，甘凤池就听说了许多有关"打人王"的事情。

在泰州，甘凤池施展自己的功夫，摆场子打把式卖艺，挣点糊口养家的钱。时间不久，甘凤池的高强武功吸引了越来越多的观众，众口相传，很快传到王铁头的耳中。他闻听此事，不禁忌妒心发作，心头涌出一股邪火。一天早晨，他直奔甘凤池的住处，在一通破口大骂之后，未等甘凤池解释，就动起拳脚，接着又用他那坚硬无比的"铁头"猛撞过来。开始，甘凤池骂不还口打不还手，他不想与这样一个恶棍不明不白地交手。哪曾想到，这个王铁头打人打惯了，把甘凤池的退让当成软弱可欺，出手更加毒辣。这一来，激怒了甘凤池。只见他当街站稳，在王铁头将头撞将过来时，出手一击。这一次，"铁头"算是碰上了"铜墙"。只见王铁头的头被甘凤池一掌震得眼冒金星，他还因用力过猛，被反力推到了街边一个粪坑里。"打人王"自知碰上了高手，不敢再捣乱，狼狈逃走。甘凤池力挫"打人王"，使泰州人的生活安定了许多。

有一次，他经过淮安，过河时不慎搭上了贼船。盗贼们用蒙汗药将甘凤池麻翻，抢走了其随身所带的行李和银两，又将他捆起来扔进江中。碰巧，甘凤池在水中抓住一根木头，才得以生还。上岸后，他向当地的居民谈起此事，才知道这伙盗贼乃是惯犯，长期在水上谋财害命。老百姓对这帮盗贼恨之入骨，但又无可奈何。甘凤池哪能容得这伙不法之徒。他立即飞奔追上贼船，从岸上举起巨石，猛地掷向木船。不一会儿，贼船就被砸沉了。

康熙、雍正年间，民间反清复明的活动仍然不时出现。吕元、朝元和尚等人就是其中有名的代表人物。这两人一个是甘凤池的挚友，一个是甘凤池的师傅。所以，他们的思想深深影响了甘凤池，以至于甘凤池的头脑中除了行侠仗义外，也增添了不少民族意识。

甘凤池为了能够日后有所作为，在吕元的提醒下，深入虎穴，进入京城康熙八皇子胤禩王府应差，伺机行事。由于甘凤池武艺高超，很受八皇子器重，成为他的门客，有时还充作八皇子的贴身侍卫。八皇子也经常找甘凤池讨教武功。因此，甘凤池不但对王府轻车熟路，还利用充当八皇子的贴身侍卫进入宫廷的机会，仔细观察宫廷布局和结构，熟悉各条路线，并凭记忆绘出宫廷的草图，以备日后使用。

到了康熙五十一年（1712年），吕元派人捎来口信，告知朝元和尚被武林败类了因和尚

甘凤池

杀害之事。甘凤池闻讯大哭一场，心中的愤怒与日俱增。最后，他向八皇子胤禩告了长假，回到江南。

了因和尚是武林中的一名高手，位居"江南八大侠"之首。他心狠手黑，武德最差。他是四皇子胤禛的门客。在四皇子的授意下，他杀害了年逾八十的朝元和尚。因为四皇子了解到朝元和尚是明朝宗师，对这些"脑后生反骨"的人，清王朝是决不留情的。

甘凤池回到江宁后，听说了师傅遇害的经过，发誓要除掉了因和尚。可是，单凭他个人的力量还无法与其对阵。最后众大侠商定，由吕元、甘凤池和老英雄白泰官一齐出动，共报此仇。到了京城后，他们通过各种渠道了解到，了因和尚不常在四皇子王府中住，此人喜食人脑，每年秋谳处决犯人时，常常要出来挖取死人脑子。有的时候，他为了满足口腹之欲，甚至去盗挖人家新坟或盗杀小孩儿。

有一天，三位英雄在了因掘坟的必经之处埋伏下来，静候了因前来送死。果然，了因和尚大摇大摆地走了过来。说时迟，那时快，三个好汉同时站了起来，截断了了因的前后去路。这了因和尚善用一根重三四百斤的大铁杖，前挡后扫，逼得三人难以近身。可是了因要想脱身也不容易。就这样，双方苦苦纠缠了半个时辰。看来硬拼不是好办法，必须利用人多的优势，三管齐下。只听见甘凤池大喝一声"变"，三个人依计各取了因一路：甘凤池取下三路，吕元挥双鞭取其中三路，白泰官径取上三路。渐渐地，了因和尚开始气力不支。忽然，白泰官握剑腾空跃起，来了一个"泰山压顶"，只见白光一闪，了因的一只耳朵被削了下来。了因闪身就跑，谁知白泰官动作更快一步，宝剑先到，竟将了因的头皮削去一层。了因痛得大叫。就在这时，甘凤池寻到时机，掷出一支飞镖，恰好打中了因的肛门。恶和尚一头倒在地上，甘凤池飞身来到了因身边，手起刀落，了因的头被砍了下来。江湖败类得到了应有的下场。

甘凤池反清复明的思想始终没有消失。雍正六年（1728年）的一天，甘凤池只身来到北京。他事先探听到消息，正月里雍正皇帝要到天坛举行"郊祀"大典。于是，他于半夜潜入大殿，暗藏在梁柱之间的帐幕中，只等雍正来时行刺。谁知，雍正刚走入大殿，就听到殿顶的黄幕布隐隐作响，心中害怕。这并非甘凤池的隐藏露出了什么破绽，而是一只黄鼠狼乱窜，碰到了黄幕。可是，雍正却无心再行祭祀，匆匆离去。甘凤池也只好作罢，取道南归。

大概在乾隆初年，年逾八旬的江南大侠甘凤池离开了人世，葬于凤台门。

## 窦尔敦：侠肝义胆，除暴安良

窦尔敦，河北省献县人，原名窦开山，乳名二东。他上有长兄，排行第二，长得虎背熊腰，故又叫窦二墩。他出身贫苦，其父窦志忠系明朝（公元1368—1644）末年农民起义军李自成部下的将领。窦尔敦从 15 岁开始，就为地主扛活种田为生。一次，他在集市上见数名流氓欺侮一老一少卖枣者，欲打抱不平，被一韩姓老者阻挡。此人是流落民间的一名起义军头领，他深爱窦的为人，便出手将流氓打倒，收窦为徒，授艺三载。后来，窦尔敦杀死作恶多端的知县父子，为躲避官府缉拿，流浪四方，遇静慈和尚，学得软、硬气功、轻功和护手双钩等技艺，武功大大长进。不久，他回到家乡举起义旗，招兵买马抗清朝统治。出家后江湖人称"铁罗汉"。窦尔敦为人忠厚，性格直爽，讲究义气，侠肝义胆，虽身怀绝技，却并不欺人作恶，而是扶危济困、除暴安良，因而深受武林人士拥戴，推举他为山东绿林道八大处总头领。

公元 1713 年，窦尔敦率部劫了大名府（今河北省境内）运往京城的十万两官银。清政府上下大为震惊，兵部大臣彭朋被革职。彭朋手下护卫黄三太为捉拿窦尔敦，以比武之名约窦前来较量。比试时，黄三太违背"不用暗器"之约，暗发金镖伤了窦尔敦的左膀，窦负伤逃脱。

后来，清军多次围捕，均未能将他拿获。窦尔敦深感他活动的河北省河间、献县一带无险可守，非久留之地。于是率部攻下河间府，夺取了河间府的印信和大量辎重，然后进入河北省燕山山脉，在一个名叫连环套的地方安营筑寨，同清廷抗争。这时他的义军已经发展到了一万余人。有一次，清太尉梁九公乘御赐骏马至围场

窦尔敦脸谱形象

行猎，窦得知后，只身下山，潜入梁营中盗走御马。清军几次攻打窦寨未能奏效，于是拘捕了窦尔敦的母亲，并张贴告示称如窦尔敦不投案即杀其母。窦尔敦乃孝子，为救其母，自缚投案。其母责备他做了糊涂事，撞墙自尽。窦尔敦悲痛万分，挣断了绳索与差人搏斗，腿部负伤遭擒，后被清廷秘密杀害。后人编著的公案小说《施公案》（写江都知县、通州漕运总督施世纶破案故事的小说），将窦尔敦的生平事迹加以改编收入其中。京剧艺人又根据《施公案》中窦尔敦的故事改编成京剧，至今仍上演的有《盗御马》与《连环套》。在这两出戏中，窦尔敦不再是农民起义的领袖，而是占山为王的绿林好汉。他与清王朝的斗争，被改为武林中个人恩怨的争斗。

# 第八节
# 国侠：侠之大者，为国为民

　　有志气的中国人心系着家国旧梦，为失落的自尊和辉煌挺身而起，靠一股不灭的侠义精神在金瓯残破的江山里寻找旧时的梦幻。于是，出现了霍元甲和黄飞鸿，出现了精武门和"宝芝林"。近代中国的英雄多得难以计数，他们挽回了民族自信心，给国人打了一针强心剂，使民族的长城不至于坍塌。

　　遗憾的是，国家积弱已久，统治者腐败无能。侠士们虽摇旗呐喊，但他们没能致使民族复兴。不可磨灭的，惟有他们拼却自家性命而不顾、家国一体、共荣共辱的精魂。侠之大者，为国为民。一个民族的旧梦萦回于侠士的拳脚和刀光剑影里。乱世是豪侠逞英雄的年代，但一旦乱世被涂抹了民族遭遇侵凌的色彩，豪侠也便真地做起民族的英雄来。

### 霍元甲：津门大侠，扬我国威

近代中国国难当头，出现不少为国为民的侠义之士，除了赫赫有名的大刀王五之外，还有一位有口皆碑的霍元甲，他是近代著名的武术大师，在国内外享有很高的声誉，同时也是匡扶正义、除暴安良的一位大侠。霍元甲曾以武功击败俄、英、日等国强手，为国雪耻，大长了民族志气，为世人所钦佩、仰慕。

霍元甲，字俊卿，清末直隶静海县小南村（今天津西郊）人。霍元甲出生在武术世家，家有祖传迷踪拳，父亲霍恩第武艺超群，练就家传绝技"迷踪艺"，在武林中颇有声名，他早年出入关东，为客商保镖十余年，晚年回乡务农，督教子侄辈习文练武，继承家业。

霍元甲自幼身体瘦弱，霍恩第怕他日后有损霍家拳的名声，便禁止他练武，而让他从文念书。霍元甲却对武功有着特殊的兴趣。家里不允许，他只好偷着练武。天长日久，他以惊人的毅力，坚持向父兄偷学武功，独自琢磨功夫诀窍，不仅身体一天天强壮起来，而且也逐渐掌握了迷踪拳的精髓。霍元甲经过十二年自学苦练练就的武艺，不但吸收了迷踪艺的精华，并且有一定的独创。从此成为武林大师，为他日后行侠仗义、除暴安良、打败外国大力士打下了坚实的基础。

霍元甲不但练就了一身过硬的功夫，而且继承了父亲的武德，形成了坚持正义、疾恶如仇的品格。霍恩第虽是著名武师，家里却很穷，这使得霍元甲十几岁起就开始在天津街头谋生，以补贴家用。当时天津有些流氓坐地一方，专门欺负小本生意人。霍元甲每次看见老百姓被流氓纠缠，总要仗义执言，出手相助。几年中，他一一惩治了当地的流氓地痞，取消了勒索农民和商贩们的"苛捐杂税"，什么"地皮钱""过肩钱""磨牙钱"

霍元甲

"孝敬钱"等，当地的混混们敢怒而不敢言，再也不敢像以往那样胡作非为了。霍元甲的名声渐渐传开。一些年轻人因仰慕霍元甲的大名，纷纷前来拜师习武。面对年轻人，霍元甲首先强调的是武德。他说，习武"从小的方面讲是为了防止盗贼，扶弱济贫；从大的方面讲则是为了抗击外敌，随时准备为国捐躯"。

霍元甲一生中做了许多见义勇为、扶弱济贫的事。1900 年春季的一天，霍元甲陪同天津怀庆药栈掌柜农劲荪先生到海河边的一个茶馆喝茶聊天。忽然，河岸边传来一片嘈杂声。原来，运送皇粮的船只在这里靠岸，因为没有泊柱，押送皇粮的保镖踢毁岸边一个卖煎饼的席棚，强行占地打桩系船缆。棚主见生意被毁，损失很大，就赔着笑脸哀求保镖给点儿赔偿。保镖倚仗自己是在给皇上干活，后台硬，根本没有把棚主放在眼里，他蛮横地说："这地方我占了，想要赔就跟我进京找皇帝老子要去。"说着，飞起一脚，把苦苦哀求的棚主踢翻在地。

霍元甲的兵器

当时，霍元甲把这一番情景看在眼里，保镖的蛮不讲理使他怒火中烧，他冲上前去与保镖论理，保镖大怒，挥拳就打。刚一交手，保镖自恃武功高，没把霍元甲放在眼里。几个回合下来，他感到敌不过，渐渐地只有招架之功，很快被霍元甲制服，倒在地上爬不起来了。霍元甲不畏官差，痛打保镖的事一下子传开了。

大侠霍元甲见义勇为、除暴安良、为民伸张正义、扶弱济贫的事越做越多，名气也越来越大，但更值得敬佩的还是他力挫外国大力士，为国为民扬眉吐气的壮举。

光绪二十七年（1901 年），

天津来了一个俄国大力士，在报上登出广告，声称："打遍中国无敌手，让东亚病夫们见识见识，开开眼界。"霍元甲闻讯后勃然大怒，赶往天津卫去与之较量。双方对垒，霍元甲以柔克刚，以闪、转、腾、挪，快速调动对方，最后使出一记"铁砂掌"，将俄国大力士打成内伤，口吐鲜血，摔在擂台上，怎么也爬不起来。在霍元甲的强烈要求下，俄国力士只好登报认错。没几天，霍元甲击败俄国大力士的消息便传遍了整个天津。京津一带，街谈巷议，老百姓无不感到欢欣鼓舞，扬眉吐气。

　　1909年春，上海来了一个名叫奥匹音的英国力士。他在报上登广告自吹自擂，侮辱中国人，狂言："有敢上台角逐者，就叫他有来无回。"上海武术界听到奥匹音的狂妄之词都很气愤，决心制服他。在考虑比武人选时，大家一致推举霍元甲上场。于是，上海武术界特邀霍元甲赴沪参加比武。可是，当霍元甲赶到上海迎战时，奥匹音却高挂免战牌，吓得逃到了南洋。霍元甲与奥匹音的经理人商定第二年三月比武。次年，霍元甲如期而至，奥匹音虽已返沪，却迟迟不敢迎战。霍元甲一直等到六月份，奥匹音始终没敢露面，

天津霍元甲精武石刻

后来灰溜溜地逃走了。霍元甲吓跑奥匹音的消息很快传开，上海人民无不拍手称快，精神为之大振。

外国人以武力进入中国后，为所欲为，自恃优越，给中国人扣上一顶"东亚病夫"的帽子，而中国当时确实是国衰民弱，这一现实极大地刺激了霍元甲。吓跑奥匹音后，霍元甲在上海各个学校表演并传授武术。他认为，习武是长久之功，应该创办一个体育组织，便于学习、教授，也使更多的人有习武强身的机会。于是，霍元甲决定把大家组织起来，统一教授武术，创立中国精武体操会。在各界的鼎力帮助与支持下，上海精武体操会（后改名为精武体育会）成立。此会刚一成立，报名的人就源源不断。霍元甲满怀爱国激情，抱着为国雪耻、振奋民族精神的强烈愿望，投身于武术教育事业，培养了大批心身健康的武术人才。

霍元甲接连两次吓走外国大力士的消息众口相传，最后传到了日本。日本柔道会的武士自恃武功高强，对霍元甲很不服气。他们特地精选了十几名高手来中国与霍元甲一决高低，最终被霍元甲一一击败。日本人不甘心失败，听说霍元甲有"热病"，遂假意介绍他到日本人开的医院就医。这实际是个阴谋。霍元甲前去治病，只有一个多月时间，于1910年9月14日忽然去世。

霍元甲去世后，教授、培养武术人才的事业并未终结。在其弟霍元卿、儿子霍东阁的严格训练下，精武体育会涌现出一大批较有影响的武术人才。江南各大城市纷纷组建精武分会。其影响甚至达到了海外侨胞中间。在纪念精武会创办十周年时，孙中山先生亲自题写了"尚武精神"四个大字，以示后人永世不忘这位匡扶正义、为国雪耻、扬我国威的豪侠。

孙中山先生亲自题写的"尚武精神"

霍元甲虽然含恨早逝，但是他的侠义报国事迹成为一笔厚重的民族精神财富。纵观霍元甲的一生，他能时为百姓着想，扬善除恶，在国难当头之际，他又能排除门第之见，为了"四万万之众皆成健儿"，兴办武馆，振兴国术，这些都是人们永远传诵这位大侠的原因所在。

## 王正谊：大刀王五，忠肝义胆

王正谊（1844—1900年）京师武林名侠。字子斌，祖籍河北沧州。因他拜李凤岗为师，排行第五，人称"小五子"；又因他刀法纯熟，德义高尚，故人人尊称他为"大刀王五"。王正谊一生行侠仗义，曾支持维新，靖赴国难，成为人人称颂的一代豪侠。位列民间广泛流传的晚清十大高手谱中，与燕子李三、霍元甲、黄飞鸿等著名武师齐名。王五出生贫寒，3岁时父亲又因疾去世。他只得与母亲相依为命，很小便开始干各类杂活，后来又拜肖和成为师，为习武打下了坚实的基础。沧州当时最有名的武师当属双刀李凤岗。为了修习更高的武艺，王五便想拜他为师，却多次吃了闭门羹，他就长跪李门前以示诚心，李凤岗为其精神打动，便收其为徒。王五不负师父重望，几年下来功夫已不在师父之下。为了把他锻炼成更加全面的人才，李把他推荐给自己的师兄刘仕龙，一起押镖，行走江湖。经过几年的锻炼，王五告别了师父，同治十年，他先到天津，后又到北京，经人介绍到了一家镖局当了镖师。光绪三年，王五利用自己的积蓄，加上朋友的帮忙，在北京半壁街（崇文区）自开了顺源镖局（后来迁往广安大街）。源顺镖局活动范围广大，北自山海关，南到江苏淮安市清江浦。他规范从业，收费合理，德义高尚，生意十分红火，很短时间内便声名鹊起。源顺镖局里头有两块匾，一块是"重义解骖"，一块是"德容感化"。

"重义解骖"是说这人很仗义。过去大车跑长途起码要有驾辕的马和拉套的马。王五在内蒙古一个叫托克托的地方，碰见几辆大车让土匪劫了，连骡子、马都被抢走了。冰天雪地里王五慷慨施救，把自己车上拉套的马

《大刀王五》连环画

解下来，给这几辆车驾辕一块儿回了北京。人家感谢王五说："要不是您出手相救，我们非得冻死。"于是这些人送了匾——"重义解骖"，可王五自己吃尽了苦头，没有拉套的马，只能人帮着推车。

"德容感化"更值得一提。那时候在小东岳庙有个庙会，赶庙会时回族人跟汉族人闹了矛盾，双方最后下了帖子，陶然亭见高低。当时的清政府对械斗根本不管，等出了命，政府才让双方交出凶手。大刀王五得知后奔走于双方之间，两头劝，把这件事平息了。后来，双方给王五送了块匾——"德容感化"，披着大红绸子送来了。所以这件事在当地很有影响，既维护了民族团结，又和谐了邻里关系。

王五不仅在本行中受人尊敬，他的爱国义举更是被人们广泛传颂。甲午战争失败后，御史安维峻上疏，力陈议和之弊，要求严惩误国者，却遭到清廷的贬斥，被革职戍边。王五出于义愤毅然担负起了护送安维峻的责任。回京后，王五便在香厂筹开学堂街，名为"父武义学"。更为人们所称道和广为流传的是王五与谭嗣同的交往。王五侠义心肠，与谭嗣同兄弟相称，传授谭武艺刀剑之法，二人由此建立了深厚的友谊。1898 年，戊戌变法进入高潮，谭嗣同应诏入京，任四品军机章京，参预变法。在此期间，王五担负起了谭嗣同的衣食住行和保安工作。变法失败后，谭嗣同为表白自己变法决心，醒悟大众，甘愿受捕。王五得知后心急如焚，多方打探消息，买通狱吏，还广泛联络武林志士，密谋救谭，却被谭嗣同坚决拒绝了。9 月 27 日，谭嗣同等"戊戌六君子"被刚毅监斩于宣武门外菜市口，王五得知后悲痛欲绝。为了继承谭嗣同的遗志和复仇，王五多次组织人员进行暗杀活动，终未果，王五反抗清廷的决心自此更加强烈。1900 年，义和团反帝爱国运动在北方兴起。王五率众积极参加，与义和团众并肩作战，杀洋人，攻打教堂。10 月 25 日，清兵将顺源镖局团团围住，王五等人终因寡不敌众被捕，尔后被八国联军枪杀于前门，死时 56 岁。其实王五可以逃脱，当时八国联军清政府都没抓住他，但他的镖局里去了一百多人避难。王五怕自己跑了以后，清政府或者八国联军把这一百多口男女老少扣为人质。他把组织义和团、刀劈洋鬼子的事都担了下来，等着人来抓。清政府来抓他的时候，王五表示不反抗，但不要株连这一百多男女老少。当时捕头说："够条汉子，你放心吧。"于是王五被交给德国军营，在西河沿儿被处决了。

大刀王五被杀后，头被挂在城门上，家人无法给王五入殓。天津的霍元甲听说后，只身赶来，夜里将王五的头取下、埋葬。当天晚上，霍元甲就住在王五故居南房西侧的一间房子里。

## 谭嗣同： 我自横刀向天笑

戊戌变法失败，谭嗣同在狱中写了首诗：望门投止思张俭，忍死须臾待杜根。我自横刀向天笑，去留肝胆两昆仑！梁启超把"两昆仑"解释为康有为和大刀王五，但也有人认为"两昆仑"指的是与谭嗣同亦师亦友的王五和胡七。

谭嗣同就义的事，天下皆知，近百年来激励了无数仁人志士，但他被捕和就义的细节却很少有人知道。

在胡七的自叙里，我们不仅可以看到谭嗣同作为烈士为国为民视死如归的侠义一面，也可以看到他对父亲的至孝之心——为了不连累父亲，他在被捕前伪造了七封父亲训斥自己、最终与自己断绝父子关系的家信。后来谭嗣同被捕，慈禧太后看了谭嗣同伪造的信后，认为谭继洵不是不教子，而是谭嗣同这个儿子太不听话，因此，破例没有让谭继洵"连坐"，让谭继洵回家养老了事。

金庸在给侠士下定义时说过："为国为民，侠之大者。"无疑，谭嗣同就是"侠之大者"的典型代表。

谭嗣同最终成为"侠之大者"，和他的老师欧阳中鹄、刘人熙以及传授他武艺的大刀王五、通臂猿胡七、黄方舟和刘云田等人对他的潜移默化有很大关系，尤其是他自幼在一起读书、嬉戏，相知甚深的二哥谭嗣襄。

谭嗣同

据谭嗣同回忆，二哥"好攀登屋脊上，又善骑，挥鞭绝尘，穷马力然后止"，尚武的志趣十分明显。二哥活泼爱动、喜欢习武的天性，对谭嗣同产生了巨大影响。在京居住期间，谭嗣同早早练习剑法，并在《与沈小沂书二》中不无自夸地写道："弱娴技击，身手尚便；长弄弧矢，尤乐驰骋。"

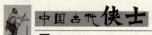

1876 年，谭嗣同的母亲病逝于北京浏阳会馆，年仅 19 周岁的谭嗣襄主动请缨护送母亲遗体南归浏阳安葬。起初家人并不信任他，结果不仅路上没有出现什么意外，而且回乡后把丧事办得极为周到，赢得了乡人的称赞。二哥敢担当的精神，给 11 岁的谭嗣同留下了深刻的烙印。

1888 年，谭嗣同的父亲谭继洵赴任甘肃，谭嗣襄送行至襄阳。一路上，谭嗣襄"谋划周详，而切中机宜"。父亲不在，料理家政的事务自然落在了谭嗣襄的肩上。谭嗣襄"米盐钱刀琐屑之事，儒生或鄙而不为，兄乃并核见综，算无遗策，出纳弃取，权时之赢绌而消息之，条理粲然，人莫能欺""人既以信义重兄，咄嗟之顷，千金立办，然亦颇负累矣"。21 岁的二哥理家如此，令谭嗣同由衷钦佩。

谭嗣襄"平生好交游，重然诺"，对天下大事更是有着独到的见解。他追随经世致用之学，主张海防论。中法越南战争期间，他在家乡倡议助饷，因议和而终止。1888 年，谭嗣襄投奔谭氏亲属、时任台湾道的唐景崧门下。唐氏将谭嗣襄推荐给台湾巡抚刘铭传。"刘一见奇之，与纵论时事，移晷乃退"。刘氏起用谭嗣襄负责督察凤山县的盐税。"凤山地居台南，民贫赋重……皆视盐税为利薮。分局二十有余，辗转胶葛，不可究诘"。此前司榷者已三易其人，可见榷盐工作的艰难。谭嗣襄到任后，"乃严约章，杜侵蚀，亲会计……不数月而弊绝"。谭嗣襄为国为民的拳拳之心，为谭嗣同后来走向"维新"，起了思想启蒙和榜样的作用。

谭嗣同最具侠义精神的事情——浏阳赈灾。1895 年，谭嗣同和他的老师欧阳中鹄等正多方努力筹办算学馆时，浏阳遭遇了大旱。这年从春到夏，没下几场雨，灾民颗粒无收，当时的县令却瞒报了灾情。欧阳中鹄和谭嗣同决定停止筹办算学馆的运作，全力赈灾。

谭嗣同当时不是官，按理，赈灾的事情轮不到他来管；他是个官家子弟，再厉害的灾，都影响不到他家里的吃喝。但是他出来管了。

当时，谭嗣同的父亲谭继洵是湖北巡抚，谭嗣同从父亲那里借了些钱，在汉口买了米后，船运到浏阳。因为买米的钱是借来的，要还。谭嗣同决定"以工代赈"。就是让农民挖煤或挑柴火来换米，谭嗣同收了煤和柴后，再让人运到长沙去卖。消息传出后，每天挑柴或煤来换米的络绎不绝，状元洲柴火堆积如山。

"以工代赈"只能解决短时期的问题，要彻底补救灾害给浏阳造成的损失，还要想别的办法。

谭嗣同是个脑子很灵活的人，他派人到耒阳买红薯种，在当地种，把红薯苗割回来，发给乡人种。

谭嗣同主持赈灾工作的同时，他妻子在"大夫第"（谭嗣同故居）外搭设粥棚，向灾民施粥。

后来，湖南巡抚陈宝箴盛赞浏阳：屯煤种薯，以工代赈，是办赈奇策。这个奇策就是谭嗣同想出来的。

谭嗣同用一己之死保全了变法的火种，以待换来亿万百姓的新生，用自己的头颅践行"杀身成仁"的《仁学》。

## 黄飞鸿：一代宗师，弘扬国粹

一代宗师黄飞鸿，是佛山著名武术家，在南派武术的发展中有着重要的影响，他的一生充满传奇色彩，曾追随著名爱国将领刘永福在抗日保台战争中立下功勋。黄飞鸿纵横江湖数十年，凭着过人的勇敢、智慧和绝技，身经百战，显赫辉煌，成为中外闻名的武术大师。他武艺高强且崇尚武德，推尚"习武德为先"，从不恃强凌弱，坚持以德服人。

黄飞鸿（1856—1925 年），原名黄锡祥，字达云，号飞鸿，幼名飞熊。原籍广东省广州府南海县西樵岭西禄舟村，生于1856年 8 月 9 日（清朝咸丰六年七月初九）南海县佛山镇。南拳流派洪拳名家岭南武术界的一代宗师，也是位济世为怀、救死扶伤的名医。16 岁时，黄飞鸿在广州西关第七甫水脚开设武馆，后在仁安街开设"宝芝林"医馆，门下弟子众多，为名重一时的武术家。他先后被记名提督吴全美、刘永福聘为军医官、技击总教习及广东民团总教练，并随刘永福在台湾抗击日军。他一生坎坷，晚年更遭受爱子遇害、与其继室莫桂兰苦心经营的

黄飞鸿

李连杰扮演的黄飞鸿深入人心

宝芝林等毁于战火、儿子失业等连串打击。于 1925 年农历 3 月 25 日（4 月 17 日），黄飞鸿病逝于广州城西方便医院，享年 68 岁，埋葬于广州白云山墓园下。

黄飞鸿纵横江湖数十年，凭着过人的勇敢、智慧和绝技，身经百战，显赫辉煌，成为中外闻名的武术大师。他武艺高强且崇尚武德，推尚"习武德为先"，从不恃强凌弱，坚持以德服人。他力主摒除门派之阂，能者为师，更是力排重男轻女之见，最先收授女弟子和组织女子狮队的武师之一。其众多弟子中，以男弟子梁宽和林世荣，女徒弟莫桂兰、邓秀琼等最负盛名。其他的门人，亦颇有声誉，遍布粤港澳台、东南亚各地。他生前弘扬国粹、匡扶正义、见义勇为、扶弱助贫、济世为怀的风范，在武术界留下了许多脍炙人口的轶事，被世人广为传。

黄飞鸿是清末民初有代表性的洪拳大师。清顺治年间，郑成功部将蔡德宗等 5 人潜至福建少林寺，与达宗等在高溪庙创立洪门会（天地会），洪门会流行的拳术称为洪拳，含有纪念朱洪武，反清复明之意。至清中叶，广东洪拳与刘、蔡、李、莫并称为五大名拳。黄飞鸿的洪拳，一方面由陆阿采——黄泰——黄麒英所传，一方面由铁桥三——林福成所传。黄飞鸿对洪拳进行了较为全面的整理，并以飞铊入埕、采高青、五郎八卦棍、无影脚等绝技闻名，现传下的要拳术套路有工字伏虎拳、虎鹤双形拳、铁线拳、五形拳；主要器械套路有五郎八卦棍、子母刀、单刀、飞铊、行者棒、瑶家大耙、形意箫、挑等。

黄飞鸿一生以弘扬国粹、振兴岭南武术为己任，经其门人林世荣等整理的铁线拳、工字伏虎拳、虎鹤双形拳结构新颖，动作轻快，革除了以往南派拳法沉滞狭隘、动作重复之弊病。虎鹤双形，虎形练气与力，动作沉雄，声威叱咤，有排山倒海、龙腾虎跃之势；鹤形练精与神，身手敏捷，动作迅速，有静若处子、动如脱兔、气静神闲之妙。刚柔并用，长短兼施，偏正配合进退中规，成为飞鸿一脉之代表拳法，为武术界独树一帜。一时风行全省，并远传至港澳、东南亚甚至北美等地，迄今历久不衰。在新中国成立后，被列为中国高等体育院校教材内容之一。黄飞鸿不仅武功超群，医术亦相当精湛。光绪年中，他在广州仁安里设"宝芝林"医药馆。福军首领刘永福亲为宝芝林题写"技艺皆精"的匾额，并聘飞鸿为福军技击总教练，后随刘到台湾英勇杀倭。

香港拍的武打电影有超过一百套是以黄飞鸿为题材的，创下以同一题材拍摄最多电影的世界纪录。

**图片授权**

全景网

壹图网

中华图片库

林静文化摄影部

**敬 启**

本书图片的编选，参阅了一些网站和公共图库。由于联系上的困难，我们与部分入选图片的作者未能取得联系，谨致深深的歉意。敬请图片原作者见到本书后，及时与我们联系，以便我们按国家有关规定支付稿酬并赠送样书。

联系邮箱：932389463@qq.com

# 参考书目

1. 曹正文. 中国侠文化史 ［M］. 上海：上海书店出版社. 2014

2. 刘凯. 中国侠义小说 ［M］. 北京：线装书局. 2014

3. 刘平，赵良宇. 江湖侠义 ［M］. 济南：齐鲁书社. 2011

4. 罗立群. 中国剑侠小说史论 ［M］. 广州：暨南大学出版社. 2012

5. 徐岱. 侠士道——金庸小说与中国精神 ［M］. 北京：北京大学出版社. 2009

6. 龚鹏程. 侠的精神文化史伦 ［M］. 济南：山东画报出版社. 2008

7. 陈建平. 水浒戏与中国侠义文化 ［M］. 北京：文化艺术出版社. 2008

8. 刘俊骧. 武术文化与修身 ［M］. 北京：中央编译出版社. 2008

9. 于志钧. 中国传统武术史 ［M］. 北京：中国人民大学出版社. 2006

10. 国家体委武术研究院. 中国武术史 ［M］. 北京：人民体育出版社. 1997

# 中国传统风俗文化丛书

**一、古代人物系列（9 本）**
1. 中国古代乞丐
2. 中国古代道士
3. 中国古代名帝
4. 中国古代名将
5. 中国古代名相
6. 中国古代文人
7. 中国古代高僧
8. 中国古代太监
9. 中国古代侠士

**二、古代民俗系列（8 本）**
1. 中国古代民俗
2. 中国古代玩具
3. 中国古代服饰
4. 中国古代丧葬
5. 中国古代节日
6. 中国古代面具
7. 中国古代祭祀
8. 中国古代剪纸

**三、古代收藏系列（16 本）**
1. 中国古代金银器
2. 中国古代漆器
3. 中国古代藏书
4. 中国古代石雕

5. 中国古代雕刻
6. 中国古代书法
7. 中国古代木雕
8. 中国古代玉器
9. 中国古代青铜器
10. 中国古代瓷器
11. 中国古代钱币
12. 中国古代酒具
13. 中国古代家具
14. 中国古代陶器
15. 中国古代年画
16. 中国古代砖雕

**四、古代建筑系列（12 本）**
1. 中国古代建筑
2. 中国古代城墙
3. 中国古代陵墓
4. 中国古代砖瓦
5. 中国古代桥梁
6. 中国古塔
7. 中国古镇
8. 中国古代楼阁
9. 中国古都
10. 中国古代长城
11. 中国古代宫殿
12. 中国古代寺庙

## 五、古代科学技术系列（14 本）

1. 中国古代科技
2. 中国古代农业
3. 中国古代水利
4. 中国古代医学
5. 中国古代版画
6. 中国古代养殖
7. 中国古代船舶
8. 中国古代兵器
9. 中国古代纺织与印染
10. 中国古代农具
11. 中国古代园艺
12. 中国古代天文历法
13. 中国古代印刷
14. 中国古代地理

## 六、古代政治经济制度系列（13 本）

1. 中国古代经济
2. 中国古代科举
3. 中国古代邮驿
4. 中国古代赋税
5. 中国古代关隘
6. 中国古代交通
7. 中国古代商号
8. 中国古代官制
9. 中国古代航海
10. 中国古代贸易
11. 中国古代军队
12. 中国古代法律
13. 中国古代战争

## 七、古代文化系列（17 本）

1. 中国古代婚姻
2. 中国古代武术
3. 中国古代城市
4. 中国古代教育
5. 中国古代家训
6. 中国古代书院
7. 中国古代典籍
8. 中国古代石窟
9. 中国古代战场
10. 中国古代礼仪
11. 中国古村落
12. 中国古代体育
13. 中国古代姓氏
14. 中国古代文房四宝
15. 中国古代饮食
16. 中国古代娱乐
17. 中国古代兵书

## 八、古代艺术系列（11 本）

1. 中国古代艺术
2. 中国古代戏曲
3. 中国古代绘画
4. 中国古代音乐
5. 中国古代文学
6. 中国古代乐器
7. 中国古代刺绣
8. 中国古代碑刻
9. 中国古代舞蹈
10. 中国古代篆刻
11. 中国古代杂技